Curso

La diferencia entre aprobar y sacar plaza

Técnico/a Especialista en Radiodiagnóstico

SERVICIO CANARIO DE SALUD

Si aún no dispones de tu **Curso MAD360**, te ofrecemos un acceso GRATIS de 30 días para que disfrutes de los siguientes recursos:

- Técnicas de Memoria 360.
- MADTEST: Test *online* Nivel PRO.
- Temario en formato digital.
- Planificación de estudio.
- Foro entre opositores hasta la fecha del examen.*
- Recursos y novedades exclusivas.
- Consúltanos sobre tu oposición y proceso selectivo.
- Actualizaciones legislativas (Boletines Oficiales) hasta 60 días antes de la fecha del examen.*

Para acceder a esta prueba del Curso MAD360** será necesaria la compra de todos los libros para esta especialidad de la edición 2025.

Regístrate en **mad.es/iniciar-sesion** y en la pestaña MIS CURSOS valida los códigos que encuentras en la última página de tus libros.

NOTA IMPORTANTE:

* Examen de esta categoría profesional correspondiente a la convocatoria publicada en el BOC n.º 116, de 13 de junio de 2025, o hasta el 31 de octubre de 2026, lo que se cumpla antes, y previa renovación del servicio.

** El acceso al CURSO MAD360 estará disponible desde octubre de 2025 (algunos recursos podrían estar disponibles en fecha posterior). Tendrá una duración de 30 días RENOVABLES mediante pago, desde la validación de códigos, o hasta el 30 de abril de 2027, lo que se cumpla antes.

MAD se reserva el derecho a ampliar dichas fechas.

Técnico/a Especialista en Radiodiagnóstico del Servicio Canario de Salud

Septiembre 2025

Técnico/a Especialista en Radiodiagnóstico del Servicio Canario de Salud

Test del Temario

Autores

JUAN MANUEL GIL RAMOS
Licenciado en Medicina
Master en Salud Ambiental

HERMINIA ANDRADES ROMERO
Diplomada en Fisioterapia
Técnico Superior en Imagen para el Diagnóstico

FRANCISCO JESÚS TORRES FONSECA
Licenciado en Derecho

© 7 Editores Recursos para la Cualificación Profesional y el Empleo, S.L. (7 Editores)
© Los autores
Primera edición, septiembre 2025 (234 páginas)
Derechos de edición reservados a favor de 7 Editores
IMPRESO EN ESPAÑA
Diseño Portada: 7 Editores
Edita: 7 Editores
Avda. San Francisco Javier, 9 · Edificio Sevilla 2 · Planta 11 · Módulos 25-27 · 41018 Sevilla
Teléfono: 954 784 411 · WEB: www.mad.es · e-mail: administracion@7editores.com
ISBN: 978-84-142-9812-1
© "Editorial Mad" y "Eduforma" son nombres comerciales registrados de
7 Editores Recursos para la Cualificación Profesional y el Empleo, S.L.

Índice

TEST N.º 1

La Constitución española: Derechos y Deberes fundamentales de los españoles. El derecho a la protección de la salud en la Constitución española y en la Ley 14/1986, de 25 de abril, General de Sanidad

1. ¿En qué se fundamenta la Constitución Española?

a) En un Estado social y democrático de Derecho.
b) En la indisoluble unidad de la Nación española.
c) En la independencia de los poderes del Estado.
d) En la organización territorial del Estado.

2. Según el artículo 3 de la CE, el castellano es la lengua oficial del Estado y todos los españoles:

a) Tienen el deber de usar y el derecho de conocer el castellano.
b) Tienen el derecho y el deber de conocer el castellano.
c) Tienen el deber de conocer y el derecho de usar el castellano.
d) Tienen el derecho de conocer y usar el castellano.

3. La Constitución Española reconoce y garantiza el derecho a la autonomía:

a) De las nacionalidades que la integran.
b) De las regiones que la integran.
c) De las Comunidades Autónomas que la integran.
d) De las nacionalidades y regiones que la integran.

4. El Preámbulo de la Constitución:

a) Tiene en sí carácter de norma jurídica.
b) Es una declaración de intenciones, destinada a interpretar lo que se quiere alcanzar con el contenido normativo de la Constitución.
c) Se trata de un texto sin fuerza jurídica de obligar.
d) Las respuestas b) y c) son correctas.

5. Señala la afirmación correcta, respecto de la aprobación, ratificación y publicación de la Constitución Española:

a) Aprobada por las Cortes el 31 de octubre de 1978, ratificada por el pueblo en referéndum el 6 de diciembre de 1978 y publicada el 29 de diciembre de 1978.

b) Aprobada por las Cortes el 30 de octubre de 1978, ratificada por el pueblo en referéndum el 16 de diciembre de 1978 y publicada el 27 de diciembre de 1978.

c) Aprobada por las Cortes el 31 de octubre de 1978, ratificada por el pueblo en referéndum el 16 de diciembre de 1978 y publicada el 29 de diciembre de 1978.

d) Aprobada por las Cortes el 10 de octubre de 1978, ratificada por el pueblo en referéndum el 26 de diciembre de 1978 y publicada el 30 de diciembre de 1978.

6. ¿En qué parte de la Carta Magna se establece la exposición de motivos que impulsan la norma constitucional y los objetivos que con ella se pretenden alcanzar?

a) En el Título preliminar.
b) En el Preámbulo.
c) En el Título I.
d) En el Título II.

7. La Constitución Española fue sancionada por:

a) El Rey.
b) El Presidente del Congreso.
c) Las Cortes Generales.
d) El Presidente del Gobierno.

8. ¿Cuáles de los siguientes españoles de origen pueden ser privados de su nacionalidad?

a) Exclusivamente los miembros de grupos terroristas.

b) Los miembros de grupos terroristas y los que atenten contra el Rey u otro miembro de la Casa Real.

c) Los que atenten contra un miembro de la Familia Real o del Gobierno de la Nación.

d) Ningún español de origen podrá ser privado de su nacionalidad.

9. Según la CE son fundamentos del orden político y la paz social:

a) La dignidad de la persona, los derechos violables que les son inherentes y el respeto a la ley.

b) La dignidad de la persona, el desarrollo limitado de la personalidad y el respeto a la ley.

c) El respeto a la ley, a los reglamentos administrativos y demás disposiciones legales.

d) La dignidad de la persona, los derechos inviolables que le son inherentes, el libre desarrollo de su personalidad, el respeto a la ley y a los derechos de los demás.

10. ¿Cuál de los siguientes es considerado por la CE como uno de los valores superiores del ordenamiento jurídico?

a) La jerarquía normativa.
b) El pluralismo político.
c) La publicidad normativa.
d) La equidad.

11. La forma política del Estado español es:

a) Democracia parlamentaria.
b) Gobierno parlamentario.
c) Monarquía parlamentaria.
d) República democrática.

12. La parte de la CE que regula la estructura de los principales órganos del Estado recibe el nombre de:

a) Parte dogmática.
b) Parte orgánica.
c) Parte estatal.
d) Parte estructural.

En MADTEST tienes **más preguntas de este tema, comentadas y argumentadas**, y todos tus avances quedan registrados y se reflejan en el ranking.

¡Supera tus límites con MADTEST!

A continuación te presentamos algunos ejemplos de preguntas comentadas:

13. Según la CE, la soberanía nacional:

a) Corresponde a las Cortes Generales, al estar compuestas por los representantes del pueblo.
b) Corresponde al Rey.
c) Reside en el pueblo español.
d) Corresponde al Gobierno de la Nación elegido directamente por el pueblo.

Respuesta Correcta: c) Reside en el pueblo español.

El art. 1.2 CE: "La soberanía nacional reside en el pueblo español, del que emanan los poderes del Estado."

14. El derecho a la propiedad en nuestra Constitución es un Derecho:

a) Inherente a la condición humana.
b) Absoluto.
c) Limitado por la función social del mismo.
d) Ninguna de las respuestas anteriores es correcta.

Respuesta Correcta: c) Limitado por la función social del mismo.

El art. 33.2 CE: "La función social de estos derechos delimitará su contenido, de acuerdo con las leyes."

15. ¿En qué parte de la Carta Magna se señalan los valores superiores del ordenamiento jurídico?

a) En el Preámbulo.
b) En el Título Preliminar.
c) En el Título I.
d) Ninguna respuesta es correcta.

Respuesta Correcta: b) En el Título Preliminar.

El art. 1.1 CE establece que el Estado se fundamenta en la libertad, justicia, igualdad y pluralismo político, valores superiores del ordenamiento.

Solución al test n.º 1

1. b) En la indisoluble unidad de la Nación española.

2. c) Tienen el deber de conocer y el derecho de usar el castellano.

3. d) De las nacionalidades y regiones que la integran.

4. d) Las respuestas b) y c) son correctas.

5. a) Aprobada por las Cortes el 31 de octubre de 1978, ratificada por el pueblo en referéndum el 6 de diciembre de 1978 y publicada el 29 de diciembre de 1978.

6. b) En el Preámbulo.

7. a) El Rey.

8. d) Ningún español de origen podrá ser privado de su nacionalidad.

9. d) La dignidad de la persona, los derechos inviolables que le son inherentes, el libre desarrollo de su personalidad, el respeto a la ley y a los derechos de los demás.

10. b) El pluralismo político.

11. c) Monarquía parlamentaria.

12. b) Parte orgánica.

13. c) Reside en el pueblo español.

14. c) Limitado por la función social del mismo.

15. b) En el Título Preliminar.

TEST N.º 2

Estatuto de Autonomía de Canarias:
Derechos, deberes y principios rectores

1. Qué artículo del Estatuto establece que Canarias es un archipiélago atlántico con derecho a autogobierno:

a) El art. 2.
b) El art. 5.
c) El art. 1.
d) El art. 3.

2. Cuántas islas con administración propia conforman Canarias:

a) Seis.
b) Siete.
c) Ocho.
d) Nueve.

3. Qué título regula las disposiciones generales del Estatuto de Autonomía:

a) El Título I.
b) El Título Preliminar.
c) El Título II.
d) El Título III.

4. Cuál es la festividad institucional de Canarias:

a) 1 de mayo.
b) 30 de abril.
c) 30 de mayo.
d) 15 de junio.

5. En qué artículo se reconoce la lejanía e insularidad de Canarias

a) En el art. 4.
b) En el art. 3.
c) En el art. 6.
d) En el art. 8.

6. Cuál es el lema que aparece en el escudo de Canarias:

a) Atlántico.
b) Océano.
c) Soberanía.
d) Insularidad.

7. Qué artículo regula la capitalidad compartida de Canarias:

a) El art. 1.
b) El art. 5.
c) El art. 7.
d) El art. 6.

8. Dónde tiene sede el Parlamento de Canarias:

a) Santa Cruz de Tenerife.
b) Las Palmas de Gran Canaria.
c) La Laguna.
d) Arrecife.

9. Qué isla depende administrativamente del Cabildo de Lanzarote:

a) El Hierro.
b) La Graciosa.
c) Fuerteventura.
d) Lobos.

10. Qué título regula los derechos, deberes y principios rectores:

a) El Título I.
b) El Título II.
c) El Título III.
d) El Título IV.

11. Qué artículo define la condición política de canarios:

a) El art. 5.
b) El art. 6.

c) El art. 7.
d) El art. 8.

12. Cuántas franjas tiene la bandera de Canarias:

a) Dos.
b) Tres.
c) Cuatro.
d) Cinco.

En MADTEST tienes **más preguntas de este tema, comentadas y argumentadas**, y todos tus avances quedan registrados y se reflejan en el ranking.

¡Supera tus límites con MADTEST!

A continuación te presentamos algunos ejemplos de preguntas comentadas:

13. En qué artículo se regula el derecho a la igualdad entre mujeres y hombres:

a) En el art. 15.
b) En el art. 16.
c) En el art. 17.
d) En el art. 18.

Respuesta Correcta: c) En el art. 17.

El art. 17 la Ley Orgánica 1/2018, de 5 de noviembre, de reforma del Estatuto de Autonomía de Canarias regula el derecho a la igualdad entre mujeres y hombres, disponiendo:

1. Los poderes públicos canarios garantizarán la igualdad efectiva entre mujeres y hombres en el ámbito público y privado, y velarán por la conciliación de la vida familiar y profesional.

2. Se adoptarán medidas efectivas para educar en valores de igualdad, no sexistas, así como políticas y acciones activas que proporcionen a las mujeres protección integral a las víctimas de la violencia machista, prestando especial atención a las medidas preventivas.

14. Qué artículo garantiza el derecho de acceso a la vivienda:

a) El art. 20.
b) El art. 21.

c) El art. 22.
d) El art. 23.

Respuesta Correcta: c) El art. 22.

Dispone el art. 22 de la Ley Orgánica 1/2018, de 5 de noviembre cuando regula el derecho de acceso a la vivienda que los poderes públicos canarios deberán garantizar el derecho de todas las personas a una vivienda digna y regular su función social, mediante un sistema de promoción pública, en condiciones de igualdad y en los términos que establezcan las leyes, poniendo especial atención sobre aquellos colectivos sociales más vulnerables. Se regulará el uso del suelo de acuerdo con el interés general para evitar la especulación.

15. Quién garantiza las políticas para las personas con discapacidad:

a) Los cabildos insulares.
b) Los poderes públicos canarios.
c) El Gobierno del Estado.
d) La Unión Europea.

Respuesta Correcta: b) Los poderes públicos canarios.

A tenor del art. 16.2 de la Ley Orgánica 1/2018, de 5 de noviembre, los poderes públicos promoverán activamente el derecho de las personas en situación de discapacidad o de dependencia a acceder en términos de igualdad y sin discriminación alguna al ejercicio de sus derechos, garantizando su desarrollo personal y social.

Solución al test n.º 2

1. c) El art. 1.

2. b) Siete.

3. b) El Título Preliminar.

4. c) 30 de mayo.

5. b) En el art. 3.

6. b) Océano.

7. b) El art. 5.

8. a) Santa Cruz de Tenerife.

9. b) La Graciosa.

10. a) El Título I.

11. b) El art. 6.

12. b) Tres.

13. c) En el art. 17.

14. c) El art. 22.

15. b) Los poderes públicos canarios.

TEST N.º 3

Ley 31/1995, de 8 de noviembre de Prevención de Riesgos Laborales: Derechos y obligaciones

1. Los representantes de los trabajadores con competencia en materia de prevención de riesgos laborales son:

a) Los miembros de la Junta de personal, Junta Facultativo y Junta de Enfermería.
b) Los técnicos de prevención de riesgos laborales.
c) El Servicio de Medicina Preventiva.
d) Los delegados de prevención.

2. ¿Qué se entiende por "riesgo laboral"?

a) La posibilidad de que un trabajador sufra un determinado daño derivado del trabajo.
b) La posibilidad de que un trabajador sufra una enfermedad en el trabajo.
c) La posibilidad de que un trabajador sufra acoso.
d) El riesgo que supone el ir a trabajar.

3. Indica cuál es la definición de prevención:

a) La probabilidad racional de que un riesgo se materialice de forma inminente.
b) El estudio de los procesos potencialmente peligrosos para el trabajo.
c) Conjunto de actividades o medidas adoptadas o previstas en todas las fases de actividad de la empresa con el fin de evitar o disminuir los riesgos derivados del trabajo.
d) Posibilidad de que un trabajador sufra un determinado daño derivado del trabajo.

4. Según recoge el artículo 4 de la Ley 31/1995, quedan específicamente incluidas en la definición de condición de trabajo:

a) Las características particulares de los locales, instalaciones, equipos, productos y demás útiles existentes en el centro de trabajo.
b) La naturaleza de los agentes físicos, químicos y biológicos presentes en el ambiente de trabajo y sus correspondientes intensidades, concentraciones o niveles de presencia.
c) Los procedimientos para la utilización de los agentes citados anteriormente que no influyan en la generación de los riesgos mencionados.
d) Todas aquellas otras características del trabajo, excluidas las relativas a su organización y ordenación, que influyan en la magnitud de los riesgos a que esté expuesto el trabajador.

5. ¿Cuál es la vigente Ley de Prevención de Riesgos Laborales?

a) Ley 32/1995, de 8 de noviembre.
b) Ley 30/1996, de 8 de noviembre.
c) Ley 31/1995, de 6 de noviembre.
d) Ley 31/1995, de 8 de noviembre.

6. Entre los principios de la acción preventiva recogidos por el artículo 15 de la Ley de Prevención de Riesgos Laborales, no figura:

a) Evitar los riesgos.
b) Evaluar los riesgos que se puedan evitar.
c) Tener en cuenta la evolución de la técnica.
d) Dar las debidas instrucciones a los trabajadores.

7. En las empresas de hasta 30 trabajadores el Delegado de Prevención será:

a) El propio empresario.
b) El trabajador más antiguo.
c) El trabajador de mayor cualificación.
d) El delegado de personal.

8. Según la Ley de Prevención de Riesgos Laborales, se constituirá un Comité de Seguridad y Salud en todas las empresas o centros de trabajo que cuenten con:

a) 30 o más trabajadores.
b) 50 o más trabajadores.
c) 75 o más trabajadores.
d) 100 o más trabajadores.

9. La evaluación de los riesgos laborales es:

a) Es un proceso técnico en la organización del trabajo.
b) Un proceso dirigido a estimar la magnitud de los riesgos que no hayan podido evitarse.
c) Es un procedimiento estático.
d) Es una práctica para el control y la protección de los trabajadores.

10. En los casos de concurrencia de trabajadores de varias empresas en un centro de trabajo cuando existe un empresario principal, uno de los deberes de vigilancia por parte de este, consistirá en:

a) Impulsar la regulación de esquemas organizativos, que eviten los accidentes de trabajo.
b) Comprobar que las empresas contratistas y subcontratistas concurrentes en su centro de trabajo han establecido los necesarios medios de coordinación entre ellas.

c) Asegurar la correcta utilización por parte de los trabajadores de las empresas concurrentes de los correspondientes dispositivos de seguridad disponibles.

d) Asegurarse de que los trabajadores concurrentes disponen de la formación preventiva correspondiente.

11. Cuando los trabajadores estén expuestos a un riesgo grave e inminente con ocasión de su trabajo, y el empresario no adopte o no permita la adopción de las medidas necesarias para garantizar la seguridad y la salud de los trabajadores, la Ley 31/1995, de 8 de noviembre, de Prevención de Riesgos Laborales prevé:

a) Los trabajadores afectados podrán paralizar la actividad.

b) El órgano de representación del personal instará formalmente al empresario a la adopción de las medidas necesarias.

c) Los Delegados de Prevención lo comunicarán a la autoridad laboral, que adoptará las medidas necesarias.

d) El órgano de representación de personal podrá acordar la paralización de la actividad.

12. Según establece el art. 4 de la Ley 31/1995, de 8 de noviembre, de Prevención de Riesgos Laborales, se define como daños derivados del trabajo:

a) La posibilidad de que un trabajador sufra un determinado daño derivado del trabajo.

b) El que resulte probable racionalmente que se materialice en un futuro inmediato y pueda suponer y pueda suponer un daño grave para la salud de los trabajadores.

c) Las enfermedades, patologías o lesiones sufridas con motivo u ocasión del trabajo.

d) Cualquier máquina, aparato, instrumento o instalación utilizada en el trabajo.

En MADTEST tienes **más preguntas de este tema, comentadas y argumentadas**, y todos tus avances quedan registrados y se reflejan en el ranking.

¡Supera tus límites con MADTEST!

A continuación te presentamos algunos ejemplos de preguntas comentadas:

13. El art. 23 de la LPRL establece la documentación que el empresario debe elaborar y conservar a disposición de la autoridad laboral. De las siguientes no está incluido:

a) El Plan de prevención de riesgos laborales.

b) Evaluación de los riesgos para la seguridad y la salud en el trabajo.

c) La planificación de la actividad laboral.

d) La relación de accidentes de trabajo y enfermedades profesionales que hayan causado al trabajador una incapacidad laboral superior a un día de trabajo.

Respuesta Correcta: c) La planificación de la actividad laboral.

Según el artículo 23.1 de la Ley 31/1995, de 8 de noviembre, de Prevención de Riesgos Laborales, el empresario deberá elaborar y conservar a disposición de la autoridad laboral la siguiente documentación relativa a las obligaciones establecidas en los artículos anteriores:

a) Plan de prevención de riesgos laborales, conforme a lo previsto en el apartado 1 del artículo 16 de esta ley.

b) Evaluación de los riesgos para la seguridad y la salud en el trabajo, incluido el resultado de los controles periódicos de las condiciones de trabajo y de la actividad de los trabajadores, de acuerdo con lo dispuesto en el párrafo a) del apartado 2 del artículo 16 de esta ley.

c) Planificación de la actividad preventiva, incluidas las medidas de protección y de prevención a adoptar y, en su caso, material de protección que deba utilizarse, de conformidad con el párrafo b) del apartado 2 del artículo 16 de esta ley.

d) Práctica de los controles del estado de salud de los trabajadores previstos en el artículo 22 de esta Ley y conclusiones obtenidas de los mismos en los términos recogidos en el último párrafo del apartado 4 del citado artículo.

e) Relación de accidentes de trabajo y enfermedades profesionales que hayan causado al trabajador una incapacidad laboral superior a un día de trabajo. En estos casos el empresario realizará, además, la notificación a que se refiere el apartado 3 del presente artículo.

14. El art. 29 de la LPRL establece las obligaciones de los trabajadores en materia de prevención de riesgos. De las siguientes no se considera una obligación del trabajador:

a) Utilizar correctamente los medios y equipos de protección facilitados por el empresario, de acuerdo con las instrucciones recibidas de este.

b) Usar adecuadamente, de acuerdo con su naturaleza y los riesgos previsibles, las máquinas, aparatos, herramientas, sustancias peligrosas, equipos de transporte y, en general, cualesquiera otros medios con los que desarrollen su actividad.

c) Informar de inmediato a su superior jerárquico directo, y a los trabajadores designados para realizar las actualizaciones que consideren oportunas en el equipo de protección individual.

d) No poner fuera de funcionamiento y utilizar correctamente los dispositivos de seguridad existentes o que se instalen en los medios relacionados con su actividad o en los lugares de trabajo en los que esta tenga lugar.

Respuesta Correcta: c) Informar de inmediato a su superior jerárquico directo, y a los trabajadores designados para realizar las actualizaciones que consideren oportunas en el equipo de protección individual.

Según el artículo 29 de la Ley 31/1995, de 8 de noviembre, de Prevención de Riesgos Laborales:

1. (…)

2. Los trabajadores, con arreglo a su formación y siguiendo las instrucciones del empresario, deberán en particular:

    1.º Usar adecuadamente, de acuerdo con su naturaleza y los riesgos previsibles, las máquinas, aparatos, herramientas, sustancias peligrosas, equipos de transporte y, en general, cualesquiera otros medios con los que desarrollen su actividad.

    2.º Utilizar correctamente los medios y equipos de protección facilitados por el empresario, de acuerdo con las instrucciones recibidas de este.

    3.º No poner fuera de funcionamiento y utilizar correctamente los dispositivos de seguridad existentes o que se instalen en los medios relacionados con su actividad o en los lugares de trabajo en los que esta tenga lugar.

    4.º Informar de inmediato a su superior jerárquico directo, y a los trabajadores designados para realizar actividades de protección y de prevención o, en su caso, al servicio de prevención, acerca de cualquier situación que, a su juicio, entrañe, por motivos razonables, un riesgo para la seguridad y la salud de los trabajadores.

    5.º Contribuir al cumplimiento de las obligaciones establecidas por la autoridad competente con el fin de proteger la seguridad y la salud de los trabajadores en el trabajo.

    6.º Cooperar con el empresario para que este pueda garantizar unas condiciones de trabajo que sean seguras y no entrañen riesgos para la seguridad y la salud de los trabajadores.

3. (…)

15. Podrán realizar el plan de prevención de riesgos laborales, la evaluación de riesgos y la planificación de la actividad preventiva de forma simplificada, en atención a la naturaleza y peligrosidad de las actividades realizadas, empresas cuyo número de trabajadores no exceda de:

a) 30.
b) 50.
c) 80.
d) 100.

Respuesta Correcta: b) 50.

Según el artículo 2.4 del RD 39/1997, de 17 de enero, por el que se aprueba el Reglamento de los Servicios de Prevención, las empresas de hasta 50 trabajadores que no desarrollen actividades del anexo I podrán reflejar en un único documento el plan de prevención de riesgos laborales, la evaluación de riesgos y la planificación de la actividad preventiva.

Este documento será de extensión reducida y fácil comprensión, deberá estar plenamente adaptado a la actividad y tamaño de la empresa y establecerá las medidas operativas pertinentes para realizar la integración de la prevención en la actividad de la empresa, los puestos de trabajo con riesgo y las medidas concretas para evitarlos o reducirlos, jerarquizadas en función del nivel de riesgos, así como el plazo para su ejecución.

Solución al test n.º 3

1. d) Los delegados de prevención.

2. a) La posibilidad de que un trabajador sufra un determinado daño derivado del trabajo.

3. c) Conjunto de actividades o medidas adoptadas o previstas en todas las fases de actividad de la empresa con el fin de evitar o disminuir los riesgos derivados del trabajo.

4. b) La naturaleza de los agentes físicos, químicos y biológicos presentes en el ambiente de trabajo y sus correspondientes intensidades, concentraciones o niveles de presencia.

5. d) Ley 31/1995, de 8 de noviembre.

6. b) Evaluar los riesgos que se puedan evitar.

7. d) El delegado de personal.

8. b) 50 o más trabajadores.

9. b) Un proceso dirigido a estimar la magnitud de los riesgos que no hayan podido evitarse.

10. b) Comprobar que las empresas contratistas y subcontratistas concurrentes en su centro de trabajo han establecido los necesarios medios de coordinación entre ellas.

11. d) El órgano de representación de personal podrá acordar la paralización de la actividad.

12. c) Las enfermedades, patologías o lesiones sufridas con motivo u ocasión del trabajo.

13. c) La planificación de la actividad laboral.

14. c) Informar de inmediato a su superior jerárquico directo, y a los trabajadores designados para realizar las actualizaciones que consideren oportunas en el equipo de protección individual.

15. b) 50.

Epidemiología y método epidemiológico. Epidemiología de las enfermedades transmisibles. Infección nosocomial: barreras higiénicas. Consecuencias de las infecciones nosocomiales. Gestión de residuos sanitarios: clasificación, transporte, eliminación y tratamiento

1. ¿Cuál es el objetivo principal de la vigilancia epidemiológica en centros sanitarios?

a) Prevenir y controlar la aparición de brotes infecciosos.
b) Estimar la prevalencia de cánceres hospitalarios.
c) Gestionar el inventario de productos biocidas.
d) Detectar errores de esterilización.

2. ¿Qué EPI es imprescindible para proteger las mucosas oculares en entornos de alto riesgo biológico?

a) Guantes.
b) Mascarilla FFP2.
c) Gorro quirúrgico.
d) Gafas de protección o pantalla facial.

3. ¿Qué se entiende por tasa de incidencia acumulada?

a) Número de casos nuevos en una población durante un periodo concreto.
b) Total de infecciones a lo largo de un año.
c) Número de casos entre personal sanitario únicamente.
d) Promedio de infecciones hospitalarias previas.

4. ¿Qué principio define la actuación con EPI en zonas de aislamiento por contacto?

a) Proteger exclusivamente al paciente.
b) Evitar transmisión por vía aérea.

c) Interrumpir el ciclo mano-fómite-mano.

d) Asegurar la temperatura del entorno.

5. ¿Cuál de los siguientes factores aumenta el riesgo de transmisión en una enfermedad infecciosa?

a) Alta inmunogenicidad del huésped.

b) Ausencia de contacto directo.

c) Baja patogenicidad del agente.

d) Elevada carga microbiana en la fuente.

6. ¿Cuál es la forma más efectiva de prevenir la infección nosocomial asociada al uso de catéteres venosos centrales?

a) Irrigación con antiséptico.

b) Uso de apósito absorbente.

c) Lavado de manos y técnica aséptica en la inserción.

d) Aplicación de suero fisiológico.

7. ¿Qué tipo de agente infeccioso es más común en infecciones del tracto urinario nosocomial?

a) Virus.

b) Levaduras.

c) Bacterias gramnegativas.

d) Protozoos.

8. ¿Qué precaución debe tomarse al desechar EPI tras la atención de un paciente con aislamiento respiratorio?

a) Sumergirlos en alcohol.

b) Desecharlos en bolsa de residuos biológicos.

c) Enjuagar y guardar.

d) Doblar y reutilizar si no están visiblemente sucios.

9. ¿Qué medida de protección individual es imprescindible en aislamiento por gotas (>5 micras)?

a) Bata impermeable.

b) Mascarilla quirúrgica.

c) FFP3.

d) Gafas herméticas.

10. ¿Qué agente antiséptico se recomienda para la desinfección rápida de manos cuando no hay suciedad visible?

a) Agua oxigenada.
b) Alcohol gelificado al 70 %.
c) Glutaraldehído al 2 %.
d) Solución salina estéril.

11. ¿Qué elemento forma parte de la cadena epidemiológica?

a) Estado nutricional del huésped.
b) Agente causal.
c) Carga vírica.
d) Nivel de vigilancia hospitalaria.

12. ¿Cuál es el objetivo principal del aislamiento hospitalario?

a) Prevenir la contaminación de materiales estériles.
b) Controlar la virulencia de los patógenos.
c) Prevenir la diseminación de infecciones y proteger a pacientes vulnerables.
d) Reducir la carga bacteriana ambiental.

En MADTEST tienes **más preguntas de este tema, comentadas y argumentadas**, y todos tus avances quedan registrados y se reflejan en el ranking.

¡Supera tus límites con MADTEST!

A continuación te presentamos algunos ejemplos de preguntas comentadas:

13. ¿Qué práctica es considerada la medida más eficaz para prevenir infecciones cruzadas en hospitales?

a) Esterilización de superficies.
b) Uso de antibióticos de amplio espectro.
c) Lavado de manos higiénico.
d) Aislamiento por gotas.

Respuesta Correcta: c) Lavado de manos higiénico.

El lavado higiénico de manos con agua y jabón es la principal medida preventiva para reducir la transmisión por contacto directo, especialmente en la atención al paciente.

14. ¿Qué tipo de reservorio se caracteriza por albergar agentes patógenos sin mostrar síntomas clínicos?

a) Reservorio ambiental.
b) Reservorio animal.
c) Reservorio humano enfermo.
d) Reservorio humano portador.

Respuesta Correcta: d) Reservorio humano portador.

El portador es una persona que, sin mostrar signos clínicos, elimina agentes patógenos y puede transmitirlos, siendo relevante en entornos alimentarios y sanitarios.

15. ¿Qué característica epidemiológica se asocia al concepto de "tríada epidemiológica"?

a) Vía de transmisión y susceptibilidad del huésped.
b) Agente, huésped y ambiente.
c) Patogenicidad, virulencia e inmunidad.
d) Contagiosidad, reservorio y vector.

Respuesta Correcta: b) Agente, huésped y ambiente.

La tríada epidemiológica define la interacción entre un agente infeccioso, un huésped susceptible y un ambiente que permite el contacto entre ambos, originando la enfermedad.

Solución al test n.º 4

1. a) Prevenir y controlar la aparición de brotes infecciosos.

2. d) Gafas de protección o pantalla facial.

3. a) Número de casos nuevos en una población durante un periodo concreto.

4. c) Interrumpir el ciclo mano-fómite-mano.

5. d) Elevada carga microbiana en la fuente.

6. c) Lavado de manos y técnica aséptica en la inserción.

7. c) Bacterias gramnegativas.

8. b) Desecharlos en bolsa de residuos biológicos.

9. b) Mascarilla quirúrgica.

10. b) Alcohol gelificado al 70 %.

11. b) Agente causal.

12. c) Prevenir la diseminación de infecciones y proteger a pacientes vulnerables.

13. c) Lavado de manos higiénico.

14. d) Reservorio humano portador.

15. b) Agente, huésped y ambiente.

TEST N.º 5

Concepto de asepsia, antisepsia, esterilización y desinfección. Concepto de salud y enfermedad. La infección hospitalaria: medidas preventivas en el servicio de radiología

1. ¿Cuál es la principal diferencia entre desinfección y esterilización?

a) La desinfección elimina esporas bacterianas.
b) La esterilización es siempre química.
c) La desinfección reduce microorganismos patógenos, pero no los elimina completamente.
d) La esterilización se realiza solo con agua.

2. ¿Cuál de los siguientes métodos de desinfección implica el uso de gases o vapores?

a) Fumigación.
b) Inmersión.
c) Loción.
d) Asepsia.

3. ¿Qué tipo de instrumental requiere esterilización obligatoria por su contacto con tejidos estériles?

a) Material semicrítico.
b) Material crítico.
c) Material no crítico.
d) Material descartable.

4. ¿Qué concentración de hipoclorito sódico se recomienda para una desinfección eficaz en hospitales?

a) 2 %.
b) 5 %.
c) 10 %.
d) 0,5 % (equivale a 500 ppm).

5. ¿Qué tipo de microorganismo es más resistente a los procesos de desinfección?

a) Virus con envoltura.
b) Bacterias grampositivas.
c) Esporas bacterianas.
d) Hongos filamentosos.

6. ¿Cuál de los siguientes productos presenta efecto virucida, bactericida y esporicida?

a) Clorhexidina.
b) Peróxido de hidrógeno.
c) Alcohol etílico.
d) Compuestos fenólicos.

7. ¿Qué técnica se basa en la colocación de los instrumentos en una solución desinfectante durante un tiempo determinado?

a) Inmersión.
b) Loción.
c) Fumigación.
d) Esterilización húmeda.

8. ¿Qué producto es eficaz frente a bacterias grampositivas y gramnegativas y se usa como antiséptico cutáneo?

a) Yodopovidona.
b) Fenol.
c) Glutaraldehído.
d) Amonio cuaternario.

9. ¿Qué tipo de calor utiliza el autoclave para esterilizar material sanitario?

a) Calor seco.
b) Calor húmedo bajo presión.
c) Calor por radiación.
d) Microondas.

10. ¿Cuál es el principal inconveniente del uso de alcoholes como desinfectantes?

a) Baja volatilidad.
b) Baja eficacia frente a bacterias.
c) No se inactivan con materia orgánica.
d) Son inflamables.

11. ¿Qué se entiende por "esterilización"?

a) Reducción de bacterias hasta niveles seguros.
b) Eliminación parcial de virus y bacterias.
c) Destrucción total de todos los microorganismos, incluidas esporas.
d) Inactivación de microorganismos sin dañar tejidos.

12. ¿Qué grupo de productos desinfectantes actúa modificando la permeabilidad de la membrana celular?

a) Alcoholes.
b) Amonios cuaternarios.
c) Fenoles.
d) Glutaraldehído.

En MADTEST tienes **más preguntas de este tema, comentadas y argumentadas**, y todos tus avances quedan registrados y se reflejan en el ranking.

¡Supera tus límites con MADTEST!

A continuación te presentamos algunos ejemplos de preguntas comentadas:

13. ¿Qué materiales se esterilizan habitualmente mediante calor húmedo?

a) Textiles y materiales porosos.
b) Agujas hipodérmicas.
c) Jeringas de vidrio.
d) Catéteres metálicos.

Respuesta Correcta: a) Textiles y materiales porosos.

El calor húmedo mediante autoclave es especialmente útil para esterilizar materiales como ropa quirúrgica, gasas y papel, ya que permite la penetración del vapor. Para materiales metálicos se prefiere el calor seco u óxido de etileno si son termosensibles.

14. ¿Cuál es la técnica correcta para asegurar la acción desinfectante en la limpieza de superficies?

a) Aplicar vapor seco sin presión.
b) Frotar con alcohol hasta evaporación.

c) Usar bayetas empapadas en solución y dejarlas actuar.
d) Rociar con agua oxigenada y secar.

Respuesta Correcta: c) Usar bayetas empapadas en solución y dejarlas actuar.

En la desinfección por loción, se humedecen bayetas con una solución desinfectante y se aplican directamente sobre superficies limpias, respetando el tiempo de contacto necesario para una acción eficaz, según el producto utilizado.

15. ¿Qué afirmación sobre la clasificación del instrumental según su riesgo de transmisión infecciosa es correcta?

a) El instrumental semicrítico se usa solo en piel intacta.
b) El material crítico debe esterilizarse siempre.
c) El instrumental no crítico requiere esterilización por calor seco.
d) Todo material no reutilizable se considera crítico.

Respuesta Correcta: b) El material crítico debe esterilizarse siempre.

El instrumental clasificado como crítico entra en contacto con cavidades estériles o el sistema vascular, por lo que requiere esterilización absoluta. Los semicríticos necesitan desinfección de alto nivel, y los no críticos limpieza básica.

Solución al test n.º 5

1. c) La desinfección reduce microorganismos patógenos, pero no los elimina completamente.

2. a) Fumigación.

3. b) Material crítico.

4. d) 0,5 % (equivale a 500 ppm).

5. c) Esporas bacterianas.

6. b) Peróxido de hidrógeno.

7. a) Inmersión.

8. a) Yodopovidona.

9. b) Calor húmedo bajo presión.

10. d) Son inflamables.

11. c) Destrucción total de todos los microorganismos, incluidas esporas.

12. b) Amonios cuaternarios.

13. a) Textiles y materiales porosos.

14. c) Usar bayetas empapadas en solución y dejarlas actuar.

15. b) El material crítico debe esterilizarse siempre.

TEST N.º 6

Clasificación de los Servicios de Radiología según la O.M.S.: básica, general y especializada. Estructura básica: ubicación, instalaciones y disposición de equipos

1. ¿Cuál es la "señalización de zona vigilada en un Servicio de Medicina Nuclear"?

a) Se señaliza con un trébol azul con puntas radiales sobre fondo gris.
b) Se señaliza con un trébol gris con puntas radiales sobre fondo punteado.
c) Se señaliza con un trébol rojo con puntas radiales sobre fondo blanco.
d) Se señaliza con un trébol verde con puntas radiales sobre fondo punteado.

2. ¿Quién suele ser el Jefe de Servicio de Medicina Nuclear?

a) Un médico especialista en Medicina Nuclear.
d) Un Técnico Superior en Imagen para el Diagnóstico y Medicina Nuclear (TSDI).
a) Un enfermero con la especialidad realizada.
b) Un médico especialista en Radiología.

3. ¿Qué categoría tendrán los médicos radiólogos responsables en el Servicio de las distintas áreas en que se divide el mismo (tórax, abdomen, pediatría, etc.), debiendo garantizar un funcionamiento adecuado?

a) Jefe de Servicio.
b) Jefe de Sección.
c) Radiólogo Adjunto.
d) Radiólogo Residente.

4. ¿Cuánto dura generalmente la residencia de los médicos residentes en el Servicio de Radiología?

a) 2 años.
b) 3 años.
c) 4 años.
d) 5 años.

5. ¿Qué miembro del equipo multidisciplinar del Servicio de Radiología no es paramédico?

a) Auxiliar de Enfermería.
b) Técnico/a Superior en Imagen para el Diagnóstico y Medicina Nuclear (TSID).
c) Administrativa.
d) Todos pertenecen al personal paramédico.

6. ¿Quién es el responsable directo del control del trabajo realizado por el personal paramédico o sanitario no facultativo?

a) Un jefe de Sección.
b) Un supervisor técnico.
c) Un enfermero con rango de jefe.
d) El propio jefe de Servicio.

7. ¿Qué miembro del equipo multidisciplinar del servicio de radiología no es considerado personal sanitario?

a) Médicos radiólogos.
b) TSID.
c) Celadores.
d) Son todos considerados como personal sanitario.

8. ¿Quiénes no están integrados en el organigrama de un Servicio de Medicina Nuclear, entre las figuras que componen?

a) No están integrados los celadores.
b) No están integrados los TSID.
c) No están integrados los Técnicos Superiores de Laboratorio.
d) Todos los anteriores están integrado como personal en Medicina Nuclear.

9. ¿Quién suele ser el Jefe de Servicio de Radiología?

a) Un enfermero con la especialidad realizada.
b) Un técnico antiguo de radiodiagnóstico.
c) Un médico radiólogo.
d) Un técnico superior en imagen.

10. ¿Quiénes no están integrados en el organigrama de un servicio de radiodiagnóstico, entre las figuras que componen?

a) No están integrados los celadores.
b) No están integrados los enfermeros.

c) No están integrados los TSID.

d) No están integrados los técnicos de laboratorio.

11. ¿A qué grupo pertenecen los Técnicos en Radiodiagnóstico dentro del organigrama de los Servicios de Radiodiagnóstico y Medicina Nuclear en el grupo?

a) Personal médico.

b) Personal paramédico.

c) Personal administrativo.

d) Celadores.

12. ¿Quién generalmente llama a los pacientes para la exploración radiológica?

a) El Celador.

b) El Administrativo.

c) El Auxiliar.

d) El TSID.

En MADTEST tienes **más preguntas de este tema, comentadas y argumentadas**, y todos tus avances quedan registrados y se reflejan en el ranking.

¡Supera tus límites con MADTEST!

A continuación te presentamos algunos ejemplos de preguntas comentadas:

13. ¿Cuál no es una función del TSID?

a) Comprobar los datos de identificación del paciente y las proyecciones o estudios solicitados por el médico.

b) Preparar la sala de examen para la prueba, así como controlar y manejar el equipo de imagen asignado.

c) Observar continuamente al paciente durante el estudio.

d) Informar de la imagen obtenida del estudio, para proceder a su diagnóstico.

Respuesta Correcta: d) Informar de la imagen obtenida del estudio, para proceder a su diagnóstico.

Todas las funciones expuestas son del TSID, excepto la de informar de la imagen obtenida del estudio, para proceder a su diagnóstico, ya que esta es función del facultativo especialista.

14. ¿Qué datos debe comprobar el técnico en radiodiagnóstico, al leer y examinar la petición del estudio radiográfico?

a) Datos de identificación del paciente y del médico radiólogo que le va a hacer el informe.
b) Diagnóstico de certeza.
c) Proyecciones o estudios solicitados por el médico y diagnóstico de certeza.
d) Datos de identificación del paciente, diagnóstico probable y proyecciones o estudios solicitados por el médico.

Respuesta Correcta: d) Datos de identificación del paciente, diagnóstico probable y proyecciones o estudios solicitados por el médico.

El TSID debe comprobar al leer y examinar la petición del estudio radiográfico y antes del examen los datos de identificación del paciente, diagnóstico probable y proyecciones o estudios solicitados por el médico.

15. ¿Qué nivel según la OMS poseerá el Servicio de Radiodiagnóstico General?

a) Nivel 1.
b) Nivel 2.
c) Nivel 3.
d) Nivel 4.

Respuesta Correcta: b) Nivel 2.

El Servicio de Radiodiagnóstico General, según la Organización Mundial de la Salud, respecto a sus características y dimensiones, posee el *nivel 2,* y es referente a aquellos servicios que se encuentran en centros sanitarios de tamaño medio.

Solución al test n.º 6

1. b) Se señaliza con un trébol gris con puntas radiales sobre fondo punteado.

2. a) Un médico especialista en Medicina Nuclear.

3. b) Jefe de Sección.

4. c) 4 años.

5. c) Administrativa.

6. b) Un supervisor técnico.

7. c) Celadores.

8. d) Todos los anteriores están integrado como personal en Medicina Nuclear.

9. c) Un médico radiólogo.

10. d) No están integrados los técnicos de laboratorio.

11. b) Personal paramédico.

12. d) El TSID.

13. d) Informar de la imagen obtenida del estudio, para proceder a su diagnóstico.

14. d) Datos de identificación del paciente, diagnóstico probable y proyecciones o estudios solicitados por el médico.

15. b) Nivel 2.

TEST N.º 7

Relación técnico especialista-paciente. Técnicas de comunicación y habilidades sociales. Problemática y atención de pacientes afectados de discapacidad física o psíquica, pacientes seniles y pacientes oncológicos. Técnicas de movilización de pacientes

1. ¿Qué aspectos debe tener en cuenta y conocer el Técnico Superior en Imagen para el Diagnóstico respecto a la atención del paciente?

a) Actuar siempre en consecuencia con los principios éticos que marca su profesión.
b) Conocer las normas relacionadas con el cumplimiento de los derechos y deberes de los pacientes.
c) Conocer las normas relacionadas con el cumplimiento de los derechos y deberes de los pacientes, así como las normas de mecánica corporal, y actuar siempre en consecuencia con los principios éticos que marca su profesión.
d) Nada de lo anterior es cierto.

2. ¿Qué expresamos, escuchamos y comprendemos con la comunicación entre personas?

a) Sentimientos.
b) Ideas.
c) Emociones.
d) Todo lo anterior.

3. ¿Qué conlleva para el receptor de la comunicación saber centrarse en la persona que está hablando, mantener un buen contacto visual y saber responder o contestar cualquier pregunta en el momento oportuno?

a) Tener una escucha activa.
b) Saber escuchar.
c) Son correctas las respuestas a) y b).
d) Son incorrectas las respuestas a) y b).

4. ¿Dónde o cuándo se produce en el servicio de radiología el primer contacto con el paciente y primer acto de comunicación con el mismo?

a) En la sala de control.
b) A la hora de la recepción.
c) En la sala de exploración.
d) En los vestuarios del usuario.

5. ¿Cuál de las siguientes opciones se considera muy importante dentro de la relación entre personas en el ámbito sanitario?

a) Catarsis.
b) Comunicación no verbal.
c) Comunicación verbal.
d) Empatía y comunicación no verbal.

6. ¿Cuál debe ser nuestro principal objetivo en la atención al paciente?

a) Sanar al paciente.
b) Satisfacer las necesidades del paciente.
c) Evitar presunciones sobre todo en pacientes que van a realizarse pruebas diagnósticas.
d) Utilizar la comunicación verbal para aliviar sus temores.

7. ¿Qué aspectos son muy importantes en la comunicación del técnico con el resto del equipo de radiología dentro de unas adecuadas relaciones interpersonales?

a) Realizar una adecuada comunicación verbal y respetando las normas de convivencia.
b) Realizar una adecuada comunicación no verbal y respetando las normas de convivencia.
c) Una adecuada comunicación no verbal, contacto apropiado con los compañeros formal e informalmente y cuidar nuestro aspecto físico.
d) Nada de lo anterior es importante.

8. ¿Qué situación consideras inapropiada en la comunicación del técnico con el resto del equipo de radiología?

a) Escuchar pausadamente y atentamente a los compañeros de trabajo.
b) Llevar a cabo unas relaciones interpersonales basadas en el hecho de que los demás se sientan a gusto consigo mismos.
c) Felicitar por un trabajo bien hecho.
d) Realizar comentarios no constructivos y murmuraciones sobre personas del equipo.

9. ¿Qué beneficios para el técnico superior en imagen para el diagnóstico conlleva realizar una adecuada atención y preparación al paciente, como insumo del sistema?

a) Mejorará su trato de interrelación y comunicación con otros profesionales.
b) Protocolizará mejor su trabajo diario.
c) Interpretará más eficazmente los resultados, al obtenerse imágenes de gran calidad.
d) Disminuirá los riesgos de exposición externa e interna, mejorará su seguridad jurídica, así como protocolizará mejor su trabajo diario.

10. ¿Se requiere preparación previa en las radiografías simples de abdomen?

a) Nunca se requiere.
b) Generalmente se requiere.
c) Generalmente se requiere, especialmente en casos de alergia medicamentosa.
d) Generalmente se requiere, excepto en urgencias.

11. En las radiografías simples:

a) Siempre es necesaria una preparación previa del paciente antes de acudir al servicio de radiodiagnóstico.
b) Nunca es necesaria la preparación previa del paciente.
c) En general, no se requiere ninguna preparación previa del paciente, excepto en las radiografías simples de abdomen.
d) En general, no se requiere ninguna preparación previa del paciente, excepto en las radiografías simples de tórax.

12. ¿Qué tiempo aproximado debe permanecer el paciente en observación tras la administración del contraste?

a) 5 minutos.
b) 15 minutos.
c) 30 minutos.
d) 60 minutos.

En MADTEST tienes **más preguntas de este tema, comentadas y argumentadas**, y todos tus avances quedan registrados y se reflejan en el ranking.

¡Supera tus límites con MADTEST!

A continuación te presentamos algunos ejemplos de preguntas comentadas:

13. ¿Qué le diremos al paciente al finalizar la prueba (TC) si esta ha sido con contraste?

a) Que no coma en dos horas.
b) Que ande mucho.
c) Que beba mucho líquido.
d) Todas son ciertas.

Respuesta Correcta: c) Que beba mucho líquido.

Recomendaremos al paciente que beba mucho líquido para que elimine bien el contraste y le diremos que puede hacer su vida normal.

14. ¿Qué es cierto sobre los pacientes claustrofóbicos?

a) Son obesos.
b) Necesitan más tiempo para que sean informados.
c) Suelen ser irritables y requieren de menos tiempo para ser informados.
d) Necesitan más tiempo para será informados y suelen ser irritables.

Respuesta Correcta: d) Necesitan más tiempo para será informados y suelen ser irritables.

Si ya por sí misma la prueba produce estado de ansiedad en algunos pacientes, en los pacientes claustrofóbicos impide realizarla con normalidad; no obstante, con algunas actuaciones que veremos a continuación, el porcentaje de casos que no llegan a la realización de la prueba es muy pequeño. Ante un paciente claustrofóbico necesitaremos de más tiempo para la información, y tener paciencia, ya que su misma ansiedad lo vuelve irritable.

15. ¿En qué situaciones del paciente puede obviarse la realización del consentimiento informado ante una radiología intervencionista?

a) Si el procedimiento viene dictado por orden judicial (imperativo legal).
b) Por incompetencia del paciente argumentable judicialmente.
c) Son correctas las respuestas a) y b).
d) Nunca debe obviarse la firma del consentimiento informado.

Respuesta Correcta: c) Son correctas las respuestas a) y b).

Todos los pacientes a los que se les vaya a realizar un procedimiento intervencionista deberán firmar el consentimiento informado. Excepto algunas circunstancias como: grave peligro para la salud pública, por urgencia (si no permite demoras por riesgo de fallecimiento o lesiones irreversibles), *si el procedimiento viene dictado por orden judicial (imperativo legal), por incompetencia del paciente argumentable judicialmente*, y otras.

Solución al test n.º 7

1. c) Conocer las normas relacionadas con el cumplimiento de los derechos y deberes de los pacientes, así como las normas de mecánica corporal, y actuar siempre en consecuencia con los principios éticos que marca su profesión.

2. d) Todo lo anterior.

3. c) Son correctas las respuestas a) y b).

4. b) A la hora de la recepción.

5. d) Empatía y comunicación no verbal.

6. b) Satisfacer las necesidades del paciente.

7. c) Una adecuada comunicación no verbal, contacto apropiado con los compañeros formal e informalmente y cuidar nuestro aspecto físico.

8. d) Realizar comentarios no constructivos y murmuraciones sobre personas del equipo.

9. d) Disminuirá los riesgos de exposición externa e interna, mejorará su seguridad jurídica, así como protocolizará mejor su trabajo diario.

10. d) Generalmente se requiere, excepto en urgencias.

11. c) En general, no se requiere ninguna preparación previa del paciente, excepto en las radiografías simples de abdomen.

12. b) 15 minutos.

13. c) Que beba mucho líquido.

14. d) Necesitan más tiempo para será informados y suelen ser irritables.

15. c) Son correctas las respuestas a) y b).

Protección del paciente ante las radiaciones: factores que afectan a la dosis. Medidas generales

1. ¿Qué afirmación no es cierta como norma básica de trabajo en el servicio de radiodiagnóstico como protección del paciente?

a) No debe haber ningún paciente en la sala, cuando se explora a otro.
b) Fijar el chasis radiográfico, especialmente en aparatos de Rayos X transportables.
c) Una vez colocado y centrado el paciente, el técnico debe diafragmar el haz adecuadamente.
d) La zona de vestuario de los pacientes no debe estar blindada por la parte adyacente.

2. ¿Cómo deben ser las instrucciones a dar al paciente? Deben de ser:

a) Completas, sencillas y prolijas.
b) Sencillas, escuetas e incompletas.
c) Completas, sencillas y escuetas.
d) Sencillas, recargadas e incompletas.

3. ¿Con que símbolo debe estar indicado el acceso directo a la sala de radiodiagnóstico?

a) Debe estar indicado con el símbolo de zona controlada.
b) Debe estar indicado con el símbolo de zona vigilada.
c) Debe estar indicado con el símbolo de zona reglamentada.
d) Debe estar indicado con el símbolo de zona de acceso prohibido.

4. ¿Dónde debe permaneces el trabajador expuesto durante el disparo radiográfico?

a) En la sala de exploración.
b) Vestuarios adyacentes del usuario.
c) En la zona protegida, donde exista un blindaje estructural (sala de control).
d) En la recepción del servicio.

5. ¿Qué elemento es el que esencialmente limita el campo de irradiación primaria a la zona de interés?

a) Filtro añadido.
b) Haz luminoso de exploración.
c) El colimador o diafragma.
d) El autotransformador del aparato de rayos X.

6. ¿Qué intensidad posee las radiaciones secundarias que se producen por colisión del haz primario sobre medios materiales en relación a éste? Las radiaciones secundarias poseen...

a) La décima parte de intensidad de la radiación primaria.
b) La centésima parte de intensidad de la radiación primaria.
c) La milésima parte de intensidad de la radiación primaria.
d) La diezmilésima parte de intensidad de la radiación primaria

7. ¿Qué medida no debe ser inferior en cuanto a la distancia foco-piel del paciente? No debe ser inferior a:

a) 15 cm.
b) 25 cm.
c) 35 cm.
d) 45 cm.

8. ¿Cuándo no está prohibida la radiología?

a) En mujeres gestantes.
b) Cuando el haz primario incide sobre órganos críticos o muy radiosensibles.
c) En niños, cuando no está claramente justificada ni optimizada la dosis.
d) Está prohibida en todos los casos anteriores, salvo situaciones excepcionales.

9. ¿Qué medida de protección frente a las radiaciones ionizantes es pasiva?

a) Disminuir al máximo el tiempo de exposición.
b) Incluir los filtros adicionales necesarios.
c) Normativas sobre criterios de calidad en radiodiagnóstico.
d) Usar protectores plomados sobre los órganos más sensibles.

10. ¿Qué medida de protección activa frente a las radiaciones ionizantes es incorrecta?

a) Usar protectores plomados sobre los órganos más sensibles.
b) La colimación apropiada disminuye la dosis recibida.
c) Aumentar al máximo el tiempo de exposición.
d) Buscar en los posible, la posición más adecuada, para aumentar la distancia.

11. ¿A qué distancia del haz primario del haz primario deben estar las gónadas para así emplearse los protectores gonadales, según recomendación de la ICRP? A menos de:

a) 5 cm.
b) 25 cm.
c) 35 cm.
d) 45 cm.

12. ¿Cómo actuará un protector gonadal en un estudio radiográfico de la zona pélvica?

a) Como barrera primaria.
b) Como barrera estructural.
c) Como barrera secundaria.
d) Como barrera terciaria.

En MADTEST tienes **más preguntas de este tema, comentadas y argumentadas**, y todos tus avances quedan registrados y se reflejan en el ranking.

¡Supera tus límites con MADTEST!

A continuación te presentamos algunos ejemplos de preguntas comentadas:

13. ¿En qué se basa esencialmente la protección radiológica del público general a nivel hospitalario?

a) En el uso de detectores móviles de radiación ionizante y en un adecuado diseño en la construcción del Servicio de Radiología.
b) En el empleo de barreras de protección y en un adecuado diseño en la construcción del Servicio de Radiología.
c) En el uso de dosímetros de áreas y en el empleo de barreras de protección.
d) En el uso de detectores móviles de radiación ionizante y de dosímetros de áreas.

Respuesta Correcta: b) En el empleo de barreras de protección y en un adecuado diseño en la construcción del Servicio de Radiología.

La protección radiológica del Servicio de Radiología respecto al público general se basa esencialmente en parámetros estructurales. Es decir, en un adecuado diseño en la construcción del Servicio de Radiología, basado esencialmente en una adecuada ubicación (generalmente en sótanos o plantas bajas) y de una cierta dificultad de acceso, para evitar un fluido inapropiado de personas por el mismo; y en el empleo de determinadas barreras de protección.

14. ¿Qué blindaje se emplea para la radiación beta?

a) Hormigón.
b) Escayola.
c) Madera.
d) Plomo.

Respuesta Correcta: c) Madera.

Se usan distintos materiales como blindajes: hormigón, madera, plásticos, plomo, etc… ¿La madera actúa como blindaje de la radiación beta, pero en la práctica se emplea el plástico, debido a que posee un peso atómico bajo (como la madera), y al colisionar la radiación beta con el mismo no la deja pasar, y al mismo tiempo se impide que se forme la radiación X de frenado.

15. ¿En qué fase de la gestación es más frecuente que se den anomalías congénitas específicas del día de la irradiación? En la fase:

a) Embrionaria de organogénesis.
b) Embrionaria post-organogénesis.
c) Fetal precoz.
d) Fetal tardía.

Respuesta Correcta: a) Embrionaria de organogénesis.

La fase de organogénesis es el espacio de tiempo que va desde el día 11 hasta el 41, en ella se van a formar los distintos tejidos y órganos que componen el sujeto, y las células inician su diferenciación. Si durante la misma actúa la radiación, con dosis entre 50 a 150 mSv, se van a generar *anomalías congénitas* que serán *específicas* del día de irradiación. Tambien pueden darse algunos casos de abortos. Por tanto es la más frecuente que se den anomalías congénitas específicas del día de la irradiación.

Solución al test n.º 8

1. d) La zona de vestuario de los pacientes no debe estar blindada por la parte adyacente.

2. c) Completas, sencillas y escuetas.

3. a) Debe estar indicado con el símbolo de zona controlada.

4. c) En la zona protegida, donde exista un blindaje estructural (sala de control).

5. c) El colimador o diafragma.

6. c) La milésima parte de intensidad de la radiación primaria.

7. d) 45 cm.

8. d) Está prohibida en todos los casos anteriores, salvo situaciones excepcionales.

9. c) Normativas sobre criterios de calidad en radiodiagnóstico.

10. c) Aumentar al máximo el tiempo de exposición.

11. a) 5 cm.

12. a) Como barrera primaria.

13. b) En el empleo de barreras de protección y en un adecuado diseño en la construcción del Servicio de Radiología.

14. c) Madera.

15. a) Embrionaria de organogénesis.

TEST N.º 9

Primeros auxilios en el servicio de radiología. Actuaciones ante situaciones de emergencia: parada cardíaca, hemorragias, reacciones alérgicas y responsabilidad del técnico especialista en radiología

1. Señala cuál de las siguientes afirmaciones sobre la parada cardiorrespiratoria es correcta:

a) Es la interrupción súbita, inesperada y potencialmente reversible de la circulación y respiración espontáneas.
b) El paro respiratorio suele ir precedido de un paro cardíaco.
c) Es una situación irreversible aunque se actúe de inmediato.
d) Las respuestas a) y b) son correctas.

2. La existencia de una parada cardiorrespiratoria se pone de manifiesto:

a) Estimulando al individuo para ver si está consciente.
b) Escuchando y sintiendo la respiración.
c) Por la ausencia de signos de vida.
d) Palpando el pulso traqueal en adultos y el basílico en niños y lactantes.

3. ¿Cómo se comprueba la recuperación de la circulación espontánea (RECE) mediante la palpación de un pulso central espontáneo en niños pequeños o lactantes por el personal sanitario? Presionando la arteria:

a) Tibial anterior o la arteria pedia.
b) Tibial posterior o la arteria pedia.
c) Femoral o la arteria braquial.
d) Radial o la arteria subclavia.

4. ¿Aproximadamente cuándo comienza a deteriorarse el cerebro humano al no recibir oxígeno? A partir de los:

a) 1,5 minutos.
b) 2,5 minutos.

c) 4 minutos.
d) 30 segundos.

5. Si en el análisis de situación se comprueba que el paciente está inconsciente, que no respira con normalidad o simplemente no respira, a continuación:

a) Se colocará en posición lateral de seguridad.
b) Se procederá a abrir las vías aéreas.
c) Se realizará las maniobras de RCP Básicas.
d) Se estimulará para comprobar si está consciente.

6. ¿Qué es lo primero que debemos hacer para valorar una posible parada cardiorrespiratoria (PCR) según sea el estado del paciente?

a) Comprobar el estado de consciencia del individuo.
b) Comprobar la permeabilidad de vía aérea.
c) Comprobar si hay pulso.
d) Nada de lo anterior es cierto.

7. Tras las 5 respiraciones iniciales en la RCP de los niños, el ritmo de cadencia de compresiones e insuflaciones será de:

a) 30:2.
b) 15:2.
c) 30:1.
d) 15:1.

8. ¿Cuál es la principal obstrucción de la vía aérea en el paciente inconsciente adulto?

a) La lengua.
b) Comida.
c) Pollo.
d) Dentadura.

9. ¿Qué tiempo máximo debe durar la maniobra VOS (ver-oír-sentir) para comprobar la permeabilidad de la vía aérea y que el paciente respira (valorar la ventilación)?

a) 30 s.
b) 20 s.
c) 15 s.
d) 10 s.

10. ¿Cuál será la frecuencia del masaje cardíaco según las nuevas recomendaciones de la ERC? La frecuencia será de:

a) 80 compresiones por minuto para adultos y 100 compresiones por minuto para niños y lactantes.
b) 100 compresiones por minuto para adultos y 80 compresiones por minuto para niños y lactantes.

c) 100 a 120 compresiones por minuto para todas las edades.
d) 100 compresiones por minuto para todas las edades.

11. ¿En qué posición se situará a un paciente con pérdida de consciencia que requiere maniobra de RCP que a su vez necesita la maniobra frente/mentón para evitar la obstrucción de la tráquea por la lengua?

a) Decúbito prono.
b) Decúbito lateral.
c) Posición lateral de seguridad.
d) Decúbito supino.

12. ¿Cómo colocaremos a un paciente accidentado que está inconsciente, pero respira normalmente? Lo colocaremos en la denominada posición:

a) Decúbito prono.
b) De Fowler.
c) Lateral de seguridad.
d) Decúbito supino.

En MADTEST tienes **más preguntas de este tema, comentadas y argumentadas**, y todos tus avances quedan registrados y se reflejan en el ranking.

¡Supera tus límites con MADTEST!

A continuación te presentamos algunos ejemplos de preguntas comentadas:

13. ¿Qué debemos hacer ante un paciente inconsciente que respira normalmente y se ha colocado en la posición lateral de seguridad (PLS)?

a) Intubarlo.
b) Hacer RCP básica.
c) Realizar 5 ventilaciones de rescate, por seguridad.
d) Pedir ayuda si aún no se ha hecho, y comprobar periódicamente sus funciones vitales.

Respuesta Correcta: d) Pedir ayuda si aún no se ha hecho, y comprobar periódicamente sus funciones vitales.

Una vez el paciente inconsciente que respira normalmente se encuentra en PLS, se debe pedir ayuda si aún no se ha hecho y regresar a su lado, para comprobar periódicamente que mantiene sus funciones vitales.

14. La RCP básica como regla general se efectuará en un adulto mediante:

a) 2 insuflaciones, seguidas de 15 compresiones torácicas, seguidas de 2 insuflaciones.
b) 15 compresiones torácicas, seguidas de 2 insuflaciones.
c) 30 compresiones torácicas, seguidas de 2 insuflaciones.
d) 2 insuflaciones, 30 compresiones torácicas, seguidas de 2 insuflaciones.

Respuesta Correcta: c) 30 compresiones torácicas, seguidas de 2 insuflaciones.

Si hemos confirmado el diagnóstico de PCR (ausencia de consciencia y respiración) en el adulto, procederemos a realizar las maniobras de RCP Básicas que pretenden mantener y restaurar la circulación efectiva usando compresiones torácicas ("masaje cardiaco externo") y ventilación de los pulmones (respiración boca-boca). Realizaremos 30 compresiones torácicas, seguidas de 2 insuflaciones.

15. En el masaje cardíaco externo de un adulto se debe comprimir esternón (mitad inferior) hasta alcanzar una profundidad de al menos:

a) 1 cm.
b) 2 cm.
c) 5 cm.
d) 10 cm.

Respuesta Correcta: c) 5 cm.

El objetivo del masaje cardíaco debería ser comprimir hasta una profundidad de al menos 5 cm (pero no más de 6 cm) y a una frecuencia de al menos 100 compresiones/min (pero no más de 120 compresiones/min), permitiendo el retroceso completo del tórax, y reduciendo al máximo las interrupciones de las compresiones torácicas.

Solución al test n.º 9

1. a) Es la interrupción súbita, inesperada y potencialmente reversible de la circulación y respiración espontáneas.

2. c) Por la ausencia de signos de vida.

3. c) Femoral o la arteria braquial.

4. c) 4 minutos.

5. c) Se realizará las maniobras de RCP Básicas.

6. a) Comprobar el estado de consciencia del individuo.

7. b) 15:2.

8. a) La lengua.

9. d) 10 s.

10. c) 100 a 120 compresiones por minuto para todas las edades.

11. d) Decúbito supino.

12. c) Lateral de seguridad.

13. d) Pedir ayuda si aún no se ha hecho, y comprobar periódicamente sus funciones vitales.

14. c) 30 compresiones torácicas, seguidas de 2 insuflaciones.

15. c) 5 cm.

TEST N.º 10

Documentación sanitaria que maneja el Técnico Especialista. Tipos de documentos y criterios de cumplimentación. Circulación de la información. Métodos de circulación de la información. Sistemas de información radiológica

1. ¿Qué sistema utilizado en la intercomunicación de redes emplea DICOM para el intercambio de imágenes?

a) PACS.
b) RIS.
c) POP.
d) HTTP.

2. ¿Qué protocolo utilizado en la intercomunicación de redes emplea DICOM?

a) TCP/IP.
b) WAN.
c) POP.
d) HTTP.

3. ¿Qué significa el término DICOM?

a) Determinación de imágenes con objeto mediano.
b) Imagen digitalizada comunicada.
c) *Comunication Digital of Medicine*.
d) *Digital Imaging and Communication on Medicine*.

4. ¿Qué integra el estándar DICOM 3.0?

a) PACS.
b) RIS.
c) HIS.
d) Todo lo anterior.

5. ¿Qué especificación o parte del DICOM establece los formatos lógicos para guardar la información sobre varios medios de comunicación?

a) *Point-to-Point Communication Support for Message Interchange* o parte 10.
b) *Network Communication Support for Message Exchange* o parte 10.
c) *Media Storage Application Profiles* o parte 10.
d) *Media Storage and File Format for Media Interchange* o parte 10.

6. ¿Cuál es el medio para el intercambio de información basado en imágenes, sonido y datos entre médicos, servicios y hospitales?

a) PACS.
b) RIS.
c) HIS.
d) DICOM.

7. ¿Qué estándar DICOM alcanza la consolidación permitiendo integrar RIS, PACS y HIS? El estándar DICOM:

a) 1.1.
b) 2.1.
c) 3.0.
d) 4.1.

8. ¿Cuál de estos elementos no es componente o función del PACS?

a) Servidores de imágenes y servicios de impresión.
b) Estaciones de trabajo para la exhibición de imágenes y consulta.
c) Gestión de archivos analógicos.
d) Interfaces para equipamiento de imagen y servidores de bases de datos.

9. ¿Cuál es el principal requisito de un PACS?

a) Poder realizar impresiones a tamaño real de las imágenes médicas, con escasos sesgos de longitud o área de las mismas.
b) Poder disponer de forma integrada de las imágenes digitales asociadas a un paciente procedente de las distintas modalidades.
c) Poseer unas redes de comunicación ultra potente, para poder intercambiar las imágenes con otros servicios dentro o fuera del hospital.
d) Nada de lo anterior es cierto.

10. ¿Qué medios son los más empleados en la obtención de imágenes digitales a partir de la radiología convencional de forma directa?

a) Mediante CR (*Computed Radiography*).
b) Mediante sistemas de radiografía digital o directa DR (*Digital Radiography*).

c) Son correctas las respuestas a) y b).

d) Son incorrectas las respuestas a) y b).

11. ¿Qué sistema de comunicación de datos entre equipos necesita el PACS dentro de un mismo edificio?

a) MAN: *Metropolitan Area Network* (Red de Área Metropolitana).

b) WLAN: *Wireless Local Network* (Red Local Inalámbrica).

c) LAN: *Local Area Network* (Red de Área Local).

d) WAN: *Wide Area Network* (Red de Área Amplia).

12. Además de la LAN, ¿qué otras características técnicas necesita el PACS para que se comuniquen diferentes equipos? Se requiere un ancho de banda como mínimo de:

a) 10 Mbps siendo necesaria una conexión entre servidores de 0,5 Gbps.

b) 50 Mbps siendo necesaria una conexión entre servidores de 0,75 Gbps.

c) 100 Mbps siendo necesaria una conexión entre servidores de 1 Gbps.

d) 200 Mbps siendo necesaria una conexión entre servidores de 1 Gbps.

En MADTEST tienes **más preguntas de este tema, comentadas y argumentadas**, y todos tus avances quedan registrados y se reflejan en el ranking.

¡Supera tus límites con MADTEST!

A continuación te presentamos algunos ejemplos de preguntas comentadas:

13. ¿Qué técnicas emplea el sistema PACS para reducir el tiempo de acceso a los estudios?

a) *Prefetching* o prebúsqueda.

b) *Autorouting* o enrutamiento automático.

c) Archivos múltiples distribuidos.

d) Se puede hacer con cualquiera de las tres anteriores.

Respuesta Correcta: d) Se puede hacer con cualquiera de las tres anteriores.

El sistema PACS para reducir el tiempo de acceso a los estudios puede emplear cualquiera de estas tres técnicas: *prefetching* o prebúsqueda, *autorouting* o enrutamiento automático o la de archivos múltiples distribuidos.

14. La memoria *Cliente PACS* es:

a) La memoria primaria.
b) La memoria secundaria.
c) La memoria remota.
d) La memoria masiva.

Respuesta Correcta: c) La memoria remota.

La memoria remota se denomina también *Cliente PACS*.

15. La memoria primaria del sistema PACS se localiza en:

a) Discos duros de los servidores.
b) Discos ópticos MOD.
c) Cintas DLT.
d) CD o DVD.

Respuesta Correcta: a) Discos duros de los servidores.

La memoria primaria la constituyen los discos duros de los servidores y normalmente utilizan la tecnología RAID (*redundant array of inexpensive disks*).

Solución al test n.º 10

1. a) PACS.

2. a) TCP/IP.

3. d) Digital Imaging and Communication on Medicine.

4. d) Todo lo anterior.

5. d) Media Storage and File Format for Media Interchange o parte 10.

6. a) PACS.

7. c) 3.0.

8. c) Gestión de archivos analógicos.

9. b) Poder disponer de forma integrada de las imágenes digitales asociadas a un paciente procedente de las distintas modalidades.

10. c) Son correctas las respuestas a) y b).

11. c) LAN: Local Area Network (Red de Área Local).

12. c) 100 Mbps siendo necesaria una conexión entre servidores de 1 Gbps.

13. d) Se puede hacer con cualquiera de las tres anteriores.

14. c) La memoria remota.

15. a) Discos duros de los servidores.

TEST N.º 11

Programa de garantía de calidad en el servicio de radiología. Control de calidad en aspectos clínicos. Control de calidad del equipamiento. Programa de mantenimiento

1. Según la OMS, ¿cómo se define un programa de garantía de calidad en radiodiagnóstico?

a) Es un esfuerzo organizado para conseguir que las imágenes diagnósticas tengan una calidad suficientemente elevada.
b) Los esfuerzos anteriores deben llevarse a cabo con el menor coste posible.
c) El paciente debe tener la menor exposición a las radiaciones en Radiología.
d) Todo lo anterior entra dentro de la definición de programa de garantía de calidad según la OMS.

2. ¿En qué normativa de las que se exponen vienen recogidas las bases para trabajar bajo marcos de calidad asistencial en España?

a) En la Ley General de Sanidad de 1986.
b) En el marco de la Constitución Española.
c) En el Código Civil.
d) En la Ley General de Sanidad de 2002.

3. ¿Cuál es el objetivo principal de la garantía de calidad en imagen para el diagnóstico?

a) Disminuir los costos de las pruebas.
b) Garantizar el diagnóstico mediante la obtención de imágenes excelentes.
c) Disminuir el número de placas defectuosas.
d) Ninguno de los anteriores.

4. ¿Qué afirmación es correcta del programa de garantía de calidad en radiodiagnóstico?

a) Los procedimientos para la evaluación de los indicadores de dosis en pacientes en las prácticas más frecuentes, se realizarán con una periodicidad mínima de 5 años.
b) El programa no recogerá, por innecesario, la tasa de rechazo o repetición de imágenes.
c) Será obligatorio implantarlo, en todas las unidades asistenciales de radiodiagnóstico.
d) Todo lo anterior es falso.

5. ¿Cómo se deben garantizar los protocolos de cada tipo de práctica radiológica estándar para cada equipo, por el responsable del programa de garantía de calidad? Se deben garantizar:

a) En cada acto verbalmente.

b) En cada sesión clínica del equipo mediante discusión grupal.

c) Por escrito, optimizándose la dosis absorbida recibida por los pacientes como consecuencia del acto médico, odontológico o podológico.

d) Todas las maneras anteriores son correctas.

6. ¿Cuál debe ser el valor de referencia de dosis superficie a la entrada del paciente para radiografías periapicales en adultos? Se tomará como valor de referencia:

a) 0,5 mGy.

b) 5 mGy.

c) 7 mGy.

d) 10 mGy.

7. ¿Mediante qué sistemas de los que se exponen se pueden llevar a cabo la verificación de los niveles de radiación en los puestos de trabajo y en aquellos lugares accesibles al público?

a) Mediante cámara de ionización con un rango de energía para fotones que alcance, al menos, 25 keV y una exactitud en la respuesta de ± 15 por 100.

b) Mediante dosímetros de termoluminiscencia.

c) Con ninguno de los anteriores.

d) Son ciertas las respuestas a) y b). Aunque también se pueden hacer con los indicados en ambas opciones a la vez.

8. ¿Cuál debe ser el valor de referencia de dosis superficie a la entrada del paciente para radiografías de la columna lumbosacra en adultos? Se tomará como valor de referencia:

a) 10 mGy.

b) 15 mGy.

c) 25 mGy.

d) 40 mGy.

9. Todo lo que se expone sobre el ruido o moteado cuántico es cierto excepto que:

a) Con él disminuye la resolución en contraste.

b) Cuanto menor sea la cantidad de fotones que se aproximen a la pantalla menor será el moteado y viceversa.

c) Se origina por la variación estadística que se produce a causa del número de fotones que se absorbe por mm^2 de superficie en la pantalla de refuerzo.

d) El ruido se aprecia más en las imágenes digitales que en las analógicas.

10. ¿Qué afirmación es incorrecta respecto al control de calidad de las pantallas intensificadoras y chasis?

a) El chasis no debe ocasionar en la radiografía zonas con diferencias visibles de densidad o zonas poco nítidas.

b) El chasis debe estar herméticamente cerrado ante la exposición, y se comprueba siempre que aparezcan bordes negros en la placa, que es lo adecuado.

c) No se deben apreciar artefactos importantes en las películas previamente expuestas y reveladas.

d) Las densidades ópticas de las imágenes obtenidas con combinaciones pantalla-película del mismo tipo y en idénticas condiciones de exposición no deben diferir en más de 0,3 DO.

11. Atendiendo a la calidad en radiografías, ¿cuál debe ser la calidad de la radiación en radiografía dental?

a) 40 kV, como mínimo.

b) 50 kV, como mínimo.

c) 60 kV, como mínimo.

d) 70 kV, como mínimo.

12. ¿Para qué se calibran las pantallas intensificadoras de los aparatos radiográficos?

a) Para mejorar la imagen.

b) Para mejorar el contraste en la placa.

c) Para disminuir el ruido de fondo.

d) Para evitar la presencia de artefactos en las placas.

En MADTEST tienes **más preguntas de este tema, comentadas y argumentadas**, y todos tus avances quedan registrados y se reflejan en el ranking.

¡Supera tus límites con MADTEST!

A continuación te presentamos algunos ejemplos de preguntas comentadas:

13. ¿Qué valor (en kV) no debe excederse en los equipos radiográficos con la prueba de kilovoltaje de pico con respecto al kilovoltaje real?

a) ± 4 kV.

b) ± 15 kV.

c) ± 22 kV.
d) ± 33 kV.

Respuesta Correcta: a) ± 4 kV.

La prueba de kilovoltaje de pico no debe exceder en ± 4 kV con respecto al kilovoltaje real, ya que si esta excede aumenta la intensidad de radiación sobre el paciente y disminuye la calidad de la imagen radiográfica, al alterarse el contraste en la misma.

14. ¿Con qué debe coincidir el campo exploratorio donde va incidir el haz útil en radiología convencional?

a) Con la zona anatómica a explorar y un margen de más menos 2 cm.
b) Con el campo luminoso del colimador.
c) Son correctas las respuestas a) y b).
d) Son incorrectas las respuestas a) y b).

Respuesta Correcta: b) Con el campo luminoso del colimador.

A la hora de la utilización de equipos convencionales de radiografías, el campo exploratorio donde va a incidir el haz útil debe coincidir con el campo luminoso del colimador, y aunque ahí se incluya la zona anatómica a explorar no se deben dejar márgenes, para evitar un exceso de radiación sobre el paciente.

15. ¿Qué método es el más idóneo en el control de calidad del tamaño del punto focal de un aparato radiográfico?

a) El estetoscopio.
b) El patrón en estrella.
c) La cámara de hendidura.
d) El fotocronómetro.

Respuesta Correcta: c) La cámara de hendidura.

El método es el más idóneo en el control de calidad del tamaño del punto focal de un aparato radiográfico es la cámara de hendidura. Este debe valorarse anualmente y siempre que se sustituya el tubo de rayos X.

Solución al test n.º 11

1. d) Todo lo anterior entra dentro de la definición de programa de garantía de calidad según la OMS.

2. a) En la Ley General de Sanidad de 1986.

3. b) Garantizar el diagnóstico mediante la obtención de imágenes excelentes.

4. c) Será obligatorio implantarlo, en todas las unidades asistenciales de radiodiagnóstico.

5. c) Por escrito, optimizándose la dosis absorbida recibida por los pacientes como consecuencia del acto médico, odontológico o podológico.

6. c) 7 mGy.

7. d) Son ciertas las respuestas a) y b). Aunque también se pueden hacer con los indicados en ambas opciones a la vez.

8. d) 40 mGy.

9. b) Cuanto menor sea la cantidad de fotones que se aproximen a la pantalla menor será el moteado y viceversa.

10. b) El chasis debe estar herméticamente cerrado ante la exposición, y se comprueba siempre que aparezcan bordes negros en la placa, que es lo adecuado.

11. b) 50 kV, como mínimo.

12. d) Para evitar la presencia de artefactos en las placas.

13. a) ± 4 kV.

14. b) Con el campo luminoso del colimador.

15. c) La cámara de hendidura.

TEST N.º 12

Física de las radiaciones: conceptos y tipos de radiaciones ionizantes. Interacción de las radiaciones ionizantes con la materia. Fuentes y equipos generadores de radiaciones ionizantes utilizadas en las unidades de radiología. Magnitudes y unidades radiológicas

1. ¿Qué radiación de estas no posee masa asociada?

a) Radiación beta (+).
b) Radiación gamma.
c) Radiación alfa.
d) Todas poseen masa.

2. ¿Cuál de estas es una REM?

a) Radiación X.
b) Protones.
c) Radiación alfa.
d) Radiación beta.

3. ¿Qué radiación de estas es ionizante?

a) Radiofrecuencias.
b) Infrarroja.
c) Alfa.
d) Microondas.

4. Todo lo que se dice de una radiación electromagnética (REM) es cierto, excepto que:

a) Es la emisión y propagación de energía, a través del vacío o de un medio material.
b) Se emiten y se propagan en forma de energía pura.
c) Puede emitirse y propagarse en forma de onda o de corpúsculo (fotón).
d) Cada una viaja a una velocidad diferente y depende esta de la energía que posea.

5. ¿De qué depende el equivalente másico de las REM?

a) De la constante de Planck (h).
b) De la velocidad a la que viajan (C).
c) De la energía que posean.
d) De todo lo anterior.

6. ¿Qué radiaciones son aquellas que son formas de propagación de energía a través del vacío o de un medio material, en formas de campos eléctricos y magnéticos perpendiculares y oscilantes entre sí?

a) Radiaciones electromagnéticas ionizantes.
b) Radiaciones electromagnéticas no ionizantes.
c) Radiaciones corpusculares.
d) Son ciertas a) y b).

7. ¿Qué radiación del espectro de las REM es más energética de las que se nombran?

a) Radiación X.
b) Radiación ultravioleta.
c) Radiación infrarroja.
d) Espectro visible.

8. ¿Qué radiación del espectro de las REM posee mayor frecuencia de las que se nombran?

a) Microondas.
b) Radiofrecuencia.
c) Gamma.
d) Ultravioleta.

9. ¿Qué radiación del espectro de las REM pose mayor longitud de onda de las que se nombran?

a) Gamma.
b) Ultravioleta.
c) X.
d) Microondas.

10. ¿Qué efecto de las radiaciones X y gamma se usan en medicina?

a) Fotoionizante.
b) Fotoquímico.
c) Fototérmico.
d) Fotonuclear.

11. Las partículas que son emisiones de electrones por núcleos atómicos se denominan:

a) Beta (+).
b) Beta (−).
c) Neutrones térmicos.
d) No existen.

12. ¿A qué se denomina la disminución de la intensidad de la radiación primaria o incidente a su paso por un medio material?

a) Atenuación.
b) Absorción.
c) Dispersión.
d) Colisión.

En MADTEST tienes **más preguntas de este tema, comentadas y argumentadas**, y todos tus avances quedan registrados y se reflejan en el ranking.

¡Supera tus límites con MADTEST!

A continuación te presentamos algunos ejemplos de preguntas comentadas:

13. La transferencia de energía de la radiación primaria o incidente sobre la materia se denomina:

a) Absorción.
b) Aniquilación.
c) Atenuación.
d) Dispersión.

Respuesta Correcta: a) Absorción.

El fenómeno por el que se da una transferencia de energía de la radiación primaria o incidente sobre la materia se denomina *absorción*. Como consecuencia, se producen ionizaciones en el medio.

14. El número de fotones totales que posee un haz de radiación se denomina:

a) Amplitud.
b) Intensidad.

c) Potencia.
d) Energía.

Respuesta Correcta: b) Intensidad.

La parte cuantificable de las REM son los fotones, por tanto al número de fotones totales que posee un haz de radiación se denomina *intensidad del haz*.

15. Atenuación de la radiación es igual a:

a) Intensidad más elasticidad.
b) Absorción más dispersión.
c) Absorción más elasticidad.
d) Absorción más intensidad.

Respuesta Correcta: b) Absorción más dispersión.

El fenómeno de atenuación es la combinación de otros dos: la absorción de energía por el medio y la dispersión de la radiación por el mismo. Esto es debido porque parte de los fotones del haz se absorben al chocar con la materia y el resto sale pero en distinta dirección (dispersión).

Solución al test n.º 12

1. b) Radiación gamma.

2. a) Radiación X.

3. c) Alfa.

4. d) Cada una viaja a una velocidad diferente y depende esta de la energía que posea.

5. c) De la energía que posean.

6. d) Son ciertas a) y b).

7. a) Radiación X.

8. c) Gamma.

9. d) Microondas.

10. a) Fotoionizante.

11. b) Beta (−).

12. a) Atenuación.

13. a) Absorción.

14. b) Intensidad.

15. b) Absorción más dispersión.

Detección y medida de las radiaciones: fundamentos. Detectores utilizados en las instalaciones de radiología. Dosimetría ambiental y personal

1. ¿Qué organismo en España promueve y mantiene el estudio y análisis de cuestiones en materia de radioprotección?

a) ICRP.
b) AETR.
c) SERAM.
d) SEPR.

2. ¿Qué característica de las que se nombra es incorrecta de la ICRP (o en español: CIPR) como organismo que trata la protección radiológica?

a) Es un organismo independiente.
b) Es un organismo autónomo.
c) Es un organismo internacional.
d) Es un organismo que realiza recomendaciones a los países en materia de radioprotección, en busca siempre de un beneficio neto económico, por encima del beneficio sanitario.

3. ¿A quiénes van dirigidas las recomendaciones de la Red ALARA Europea?

a) A los organismos reguladores nacionales.
b) A los profesionales implicados en la protección radiológica.
c) A los sectores industriales, médicos y de investigación, interesados en esta materia.
d) A todos los anteriores.

4. ¿Qué recomendación o afirmación de las que se exponen en materia de protección radiológica es incorrecta?

a) A pesar de los límites de dosis existentes, se debe evitar o intentar que se reciba la menor dosis posible.
b) A nivel del operador de radiaciones ionizantes, y debido al riesgo de su uso, hay que tener en cuenta el balance riesgo-beneficio.

c) Con el control de los límites anuales de dosis, y teniendo en cuenta la distancia y el factor tiempo de exposición, no es necesario utilizar barreras u otras medidas protectoras frente a la radiación.

d) Se ha comprobado científicamente que no sobrepasando los límites anuales de dosis no existen riesgos ni efectos biológicos.

5. ¿Qué sujeto de los que se nombran será considerado de la misma categoría de riesgo que los trabajadores expuestos a la radiación, independientemente sea de la categoría A o B?

a) Un visitante habitual del Servicio de Radiología.

b) Un acompañante de un paciente que requiere un examen radiológico.

c) Un estudiante en su fase de Formación en Centros de Trabajo (FCT) de Laboratorio de Análisis Clínico, mayor de 18 años.

d) Un estudiante en su fase de Formación en Centros de Trabajo (FCT) de Imagen para el Diagnóstico, mayor de 18 años.

6. ¿A qué distancia de seguridad (alcance máximo: R), se reducen los riesgos por radiación beta? Los riesgos por radiación beta se reducen a:

a) Escasas decenas de metro.

b) Escasos metros.

c) Escasos centímetros.

d) Escasos milímetros.

7. ¿Qué tipo de emisión puede producirse si se blinda un material emisor de radiaciones β?

a) No se produce nada si se blinda con plomo.

b) Se produce radiación X característica.

c) Se puede producir radiación corpuscular neutrónica.

d) Puede producirse radiación X de frenado.

8. Si la intensidad de la radiación primaria es de 80 rad, calcular cuánto se absorberá totalmente al atravesar dos capas consecutivas (C1 y C2) de coeficientes de atenuación diferentes: $\eta 1 = 20\%$, y $\eta 2 = 30\%$.

a) 44,8 rad.

b) 64 rad.

c) 35,2 rad.

d) 28,8 rad.

9. ¿De qué factor dependiente de la penetrabilidad de las radiaciones ionizantes surge el denominado coeficiente de atenuación lineal (η)?

a) Naturaleza de la sustancia con la que interacciona.

b) Densidad del medio material.

c) Espesor del medio material.

d) Dureza de la radiación.

10. ¿Qué fenómenos abarca la luminiscencia?

a) La fluorescencia y la fosforescencia.
b) La fosforescencia y los destellos.
c) La absorción y dispersión.
d) La atenuación y la penetrabilidad.

11. ¿Qué zona de la película radiográfica posee lucencia?

a) Zona de emulsión.
b) Zona de base.
c) Zona protectora.
d) Zona óxido-reducible.

12. ¿Qué se produce por el movimiento de electrones ocasionados en las diferentes ionizaciones de la radiación ionizante sobre el aire?

a) Efecto fotoeléctrico.
b) Corriente eléctrica.
c) Luz.
d) Nada de lo anterior.

En MADTEST tienes **más preguntas de este tema, comentadas y argumentadas**, y todos tus avances quedan registrados y se reflejan en el ranking.

¡Supera tus límites con MADTEST!

A continuación te presentamos algunos ejemplos de preguntas comentadas:

13. ¿Por qué aparato se puede medir el efecto ionizante de la radiación en el aire?

a) Amperímetro.
b) Galvanómetro.
c) Potenciómetro.
d) Tubo fotomultiplicador.

Respuesta Correcta: b) Galvanómetro.

El efecto ionizante que ocasiona la radiación X se puede medir mediante un dispositivo denominado galvanómetro, que es un instrumento que mide la intensidad de la corriente eléctrica. Demostrándose dicho fenómeno con este utensilio.

14. ¿A qué es directamente proporcional dentro de una cámara de condensación la cantidad de radiación?

a) A la cantidad de fotones de luz.
b) A la cantidad de electricidad.
c) A la cantidad de materia.
d) Son ciertas las respuestas a) y c).

Respuesta Correcta: b) A la cantidad de electricidad.

La cámara de condensación es capaz de medir la ionización de gases; el efecto de la radiación sobre el aire produce pares de iones de ambos signos y de esta manera, el aire puede conducir la corriente eléctrica, siendo la cantidad de radiación directamente proporcional a la cantidad de electricidad.

15. ¿Qué tipo de efecto biológico de la radiación considerarías cualitativo?

a) Ennegrecimiento de placas.
b) Energía o dureza de la propia radiación.
c) Fluorescencia.
d) Catálisis.

Respuesta Correcta: b) Energía o dureza de la propia radiación.

Los efectos de la radiación X se dividen en efectos cuantitativos, que son los producidos por la intensidad de la REM (o cantidad de radiación) y se miden por efecto directo, como ennegrecimiento de placas (fotoquímico), emisión de luz (fluorescencia) o catálisis (químico); y en cualitativos, que son los relacionados con la energía del fotón o dureza de la propia radiación (o kilovoltaje en el tubo de rayos).

Solución al test n.º 13

1. d) SEPR.

2. d) Es un organismo que realiza recomendaciones a los países en materia de radio-protección, en busca siempre de un beneficio neto económico, por encima del beneficio sanitario.

3. d) A todos los anteriores.

4. c) Con el control de los límites anuales de dosis, y teniendo en cuenta la distancia y el factor tiempo de exposición, no es necesario utilizar barreras u otras medidas protec-toras frente a la radiación.

5. d) Un estudiante en su fase de Formación en Centros de Trabajo (FCT) de Imagen para el Diagnóstico, mayor de 18 años.

6. b) Escasos metros.

7. d) Puede producirse radiación X de frenado.

8. c) 35,2 rad.

9. c) Espesor del medio material.

10. a) La fluorescencia y la fosforescencia.

11. b) Zona de base.

12. b) Corriente eléctrica.

13. b) Galvanómetro.

14. b) A la cantidad de electricidad.

15. b) Energía o dureza de la propia radiación.

TEST N.º 14

Factores que intervienen en la exposición. Relación entre ellos. Cálculo de los cambios de los factores de exposición. Control automático de la exposición

1. ¿Qué factor de exposición radiográfica de estos se considera primario?

a) La filtración.
b) El tamaño del punto focal.
c) La distancia.
d) Miliamperios-segundos (mAs).

2. ¿Cuál es el control más importante que determina la calidad del haz, como factor técnico de exposición?

a) La tensión de pico.
b) La estructura del paciente.
c) El tamaño del punto focal.
d) La distancia.

3. ¿Qué se controla si aumentamos la tensión pico como factor de exposición radiográfica?

a) El poder de penetración del haz de radiación (que es menor).
b) La calidad del haz (que disminuye).
c) Escala de contraste menos extensa.
d) Menor contraste de la imagen.

4. ¿Qué factor de exposición nos da esencialmente el poder de penetración del haz de Rx?

a) kV.
b) mAs.
c) Filtración.
d) Tamaño del foco.

5. ¿Qué factor de exposición está muy relacionado con la disminución de la borrosidad cinética?

a) Miliamperaje.
b) Tensión pico.
c) Filtración de rayos X.
d) Tiempo de exposición.

6. Si reducimos el tiempo de exposición a la radiación, ¿qué debemos modificar para obtener una radiografía con valor diagnóstico?

a) Aumentar proporcionalmente la corriente para que la intensidad de la radiación se mantenga constante.
b) Aumentar la tensión de pico o kilovoltaje.
c) Disminuir proporcionalmente la corriente para que la intensidad de la radiación se mantenga constante.
d) Disminuir la tensión de pico o kilovoltaje.

7. ¿Qué factor de exposición representa la cantidad global de radiación emitida por el tubo de rayos X?

a) Miliamperaje.
b) Tensión pico.
c) mAs.
d) Tiempo de exposición.

8. ¿Cómo podríamos obtener la misma densidad en una radiografía si partimos de un kilovoltaje pico concreto (80 kV) y un determinado mAs (20 mAs)?

a) Con un kilovoltaje de 68 kV y 10 mAs.
b) Con un kilovoltaje de 92 kV y 40 mAs.
c) Con un kilovoltaje de 68 kV y 25 mAs.
d) Con un kilovoltaje de 92 kV y 10 mAs.

9. La rodilla de un paciente es sometida a una exposición de 60 kV/12 mAs; se obtiene una escala de contraste demasiado corta. ¿Qué técnica debería emplearse en la repetición del examen?

a) 60 kV/24 mAs.
b) 69 kV/6 mAs.
c) 51 kV/24 mAs.
d) 51 kV/12 mAs.

10. Si aplicamos la ley del inverso al cuadrado de la distancia, ¿cuál sería la intensidad de la radiación ionizante en un nuevo punto que es el doble de la distancia del primero donde se mide una intensidad de 10 rem?

a) 2,5 rem.
b) 5,0 rem.
c) 7,5 rem.
d) 40 rem.

11. ¿A qué distancia se hacen normalmente las placas (fuente-receptor) sobre mesa o camilla, al estar actualmente normalizada la distancia?

a) A 100 cm.
b) A 120 cm.
c) A 150 cm.
d) A 180 cm.

12. Para conseguir la misma densidad en una radiografía con diferentes distancias, la intensidad debe ser:

a) Inversamente proporcional al cuadrado de las distancias.
b) Igual al cuadrado de las distancias.
c) Directamente proporcional al cuadrado de las distancias.
d) No sufre modificaciones.

En MADTEST tienes **más preguntas de este tema, comentadas y argumentadas**, y todos tus avances quedan registrados y se reflejan en el ranking.

¡Supera tus límites con MADTEST!

A continuación te presentamos algunos ejemplos de preguntas comentadas:

13. ¿A qué distancia fuente-imagen se han normalizado los exámenes radiográficos de tórax?

a) Sobre una distancia de 90 cm.
b) Sobre una distancia de 120 cm.
c) Sobre una distancia de 180 cm.
d) Sobre una distancia de 250 cm.

Respuesta Correcta: c) Sobre una distancia de 180 cm.

En la actualidad, las distancias fuente-imagen se encuentran normalizadas, de tal manera que las radiografías de tórax se realizan sobre una distancia de 180 cm.

14. ¿Para qué zonas o estructuras anatómicas se emplea más el foco pequeño?

a) Se utiliza para las radiografías de gran detalle.
b) No se emplea en la ampliación radiográfica.
c) Permite utilizar tiempos de exposición más pequeños y con ello reducir las posibilidades de borrosidad en la radiografía por movimiento del paciente.
d) Garantiza la generación de suficientes mAs para ver partes del cuerpo muy densas.

Respuesta Correcta: a) Se utiliza para las radiografías de gran detalle.

El punto focal menor o pequeño se utiliza para las radiografías de gran detalle. En la ampliación radiográfica se utilizan siempre puntos focales pequeños. Se emplea en mamografías para obtener imágenes de microcalcificaciones con DFI relativamente pequeñas, también se emplean normalmente en radiografía de extremidades y de otras partes delgadas del cuerpo.

15. ¿Para qué zonas o estructuras anatómicas se emplea más el foco grande?

a) Para radiografías de extremidades superiores.
b) Para radiografías de extremidades inferiores.
c) Para radiografías de estructuras corporales más densas.
d) Para radiografías de estructuras corporales delgadas.

Respuesta Correcta: c) Para radiografías de estructuras corporales más densas.

El punto focal grande garantiza la generación de suficientes mAs para ver partes del cuerpo muy *densas*, permite utilizar tiempos de exposición más pequeños, lo que reduce las posibilidades de borrosidad en la radiografía por movimiento del paciente.

Solución al test n.º 14

1. d) Miliamperios-segundos (mAs).

2. a) La tensión de pico.

3. d) Menor contraste de la imagen.

4. a) kV.

5. d) Tiempo de exposición.

6. a) Aumentar proporcionalmente la corriente para que la intensidad de la radiación se mantenga constante.

7. c) mAs.

8. d) Con un kilovoltaje de 92 kV y 10 mAs.

9. b) 69 kV/6 mAs.

10. a) 2,5 rem.

11. a) A 100 cm.

12. a) Inversamente proporcional al cuadrado de las distancias.

13. c) Sobre una distancia de 180 cm.

14. a) Se utiliza para las radiografías de gran detalle.

15. c) Para radiografías de estructuras corporales más densas.

Radiobiología: radiosensibilidad. Respuesta celular sistémica y orgánica. Efectos genéticos y somáticos de la radiación

1. ¿Cuál de los siguientes fenómenos de interacción es el más frecuente en radiodiagnóstico?

a) Producción de pares.
b) Efecto Compton.
c) Efecto fotoeléctrico.
d) Fisión nuclear.

2. ¿Qué fenómeno de interacción requiere una energía mínima de 1,02 MeV para producirse?

a) Efecto fotoeléctrico.
b) Ionización directa.
c) Efecto Compton.
d) Producción de pares.

3. ¿Cómo se denomina la fase de la interacción en la que se forman radicales libres tras la ionización?

a) Fase física.
b) Fase química.
c) Fase biológica.
d) Fase clínica.

4. ¿Cuál de las siguientes propiedades de la interacción radiación-materia indica que sus efectos no se manifiestan inmediatamente?

a) Aleatoriedad.
b) Acción acumulativa.
c) Período de latencia.
d) Inespecificidad.

5. ¿Qué propiedad indica que las lesiones por radiación no se distinguen de las producidas por otros agentes?

a) Inespecificidad.
b) Aleatoriedad.
c) Instantaneidad.
d) No selectividad.

6. Entre las lesiones citoplasmáticas producidas por la radiación ionizante, ¿qué organelo resulta especialmente afectado al presentar tumefacción y pérdida de crestas con enzimas respiratorios, lo que conlleva disminución de la energía celular?

a) Retículo endoplásmico.
b) Aparato de Golgi.
c) Mitocondrias.
d) Lisosomas.

7. ¿Qué gen, conocido como el "guardián del genoma", puede activarse por la acción de radicales libres generados por radiación ionizante, regulando el ciclo celular o induciendo apoptosis?

a) BRCA1.
b) P53.
c) MYC.
d) RB1.

8. Dentro de los factores físicos que influyen en la radiosensibilidad, ¿qué característica explica por qué las radiaciones particuladas son más dañinas que las radiaciones electromagnéticas?

a) Su mayor capacidad de penetración en los tejidos.
b) Su mayor Transferencia Lineal de Energía (LET) y Quality Factor (QF).
c) Su capacidad de producir efectos retardados en el período de latencia.
d) Su mayor velocidad de propagación en el vacío.

9. ¿Cuál de las siguientes consecuencias celulares de la radiación ionizante corresponde a una muerte inmediata, que ocurre con dosis extremadamente altas, independientemente de la fase del ciclo celular?

a) Retraso mitótico.
b) Fallo reproductivo.
c) Muerte en interfase.
d) Muerte por necrosis.

10. Según el principio de Bergonié-Tribondeau, ¿qué tipo de células son más radiosensibles?

a) Las que tienen una función altamente especializada.
b) Las que presentan una baja tasa mitótica.

c) Las indiferenciadas y con alta capacidad de división celular.
d) Las que pertenecen a tejidos musculares.

11. ¿Cuál de los siguientes tejidos tiene mayor radiorresistencia por su capacidad de regeneración flexible?

a) Tejido óseo.
b) Células madre hematopoyéticas.
c) Tejido muscular esquelético.
d) Tejido hepático.

12. ¿Cuál de los siguientes factores químicos actúa como radioprotector frente a la radiación ionizante?

a) Oxígeno.
b) Vitamina E.
c) Dietiltoluamida.
d) Nitratos alimentarios.

En MADTEST tienes **más preguntas de este tema, comentadas y argumentadas**, y todos tus avances quedan registrados y se reflejan en el ranking.

¡Supera tus límites con MADTEST!

A continuación te presentamos algunos ejemplos de preguntas comentadas:

13. ¿Qué afirmación sobre los efectos de la radiación en el embrión es correcta?

a) Son resistentes debido a su pequeño tamaño.
b) Son muy sensibles por su alta maduración celular.
c) Son muy sensibles por su alta tasa mitótica e inmadurez celular.
d) No presentan radiosensibilidad en las primeras semanas.

Respuesta Correcta: c) Son muy sensibles por su alta tasa mitótica e inmadurez celular.

El embrión y el feto son especialmente vulnerables a la radiación debido a la gran cantidad de divisiones celulares que experimentan y su bajo nivel de diferenciación.

14. ¿Qué tipo de radiación tiene un mayor factor de calidad (QF) y, por tanto, mayor capacidad de producir daño biológico?

a) Radiación electromagnética.
b) Rayos X.
c) Radiación particulada.
d) Ultrasonidos.

Respuesta Correcta: c) Radiación particulada.

Las radiaciones particuladas (como partículas alfa o neutrones) poseen un alto gradiente energético y un QF elevado, lo que las hace más eficaces para producir ionización directa y daño celular.

15. ¿Cuál de los siguientes ejemplos corresponde a un efecto estocástico de la radiación ionizante?

a) Desarrollo de un tumor por exposiciones repetidas a baja dosis.
b) Síndrome hematopoyético tras una exposición masiva.
c) Radiodermitis en zona irradiada.
d) Necrosis por radiación localizada.

Respuesta Correcta: a) Desarrollo de un tumor por exposiciones repetidas a baja dosis.

Los efectos estocásticos, como la carcinogénesis, son impredecibles, no tienen un umbral definido, y su probabilidad aumenta con la dosis, aunque su gravedad no lo haga necesariamente.

Solución al test n.º 15

1. c) Efecto fotoeléctrico.

2. d) Producción de pares.

3. b) Fase química.

4. c) Período de latencia.

5. a) Inespecificidad.

6. c) Mitocondrias.

7. b) P53.

8. b) Su mayor Transferencia Lineal de Energía (LET) y Quality Factor (QF).

9. d) Muerte por necrosis.

10. c) Las indiferenciadas y con alta capacidad de división celular.

11. d) Tejido hepático.

12. b) Vitamina E.

13. c) Son muy sensibles por su alta tasa mitótica e inmadurez celular.

14. c) Radiación particulada.

15. a) Desarrollo de un tumor por exposiciones repetidas a baja dosis.

TEST N.º 16

Protección radiológica: protección radiológica operacional. Reglamento de la protección sanitaria frente a las radiaciones ionizantes

1. ¿Dónde no se suele ubicar un Servicio de Radiología Básico?

a) En centros de salud.
b) En pequeños hospitales públicos.
c) En clínicas pequeñas.
d) En grandes hospitales públicos.

2. ¿En qué Servicio de Radiodiagnóstico existe generalmente el área de Radiología intervencionista? En el Servicio de Radiología:

a) Primordial.
b) Básico.
c) General.
d) Especializada.

3. ¿A qué se denomina año oficial según la normativa?

a) Es el periodo de tiempo de 365 días consecutivos.
b) Es cualquier espacio de tiempo de 12 meses consecutivos.
c) Es el periodo de tiempo de doce meses a contar desde el 1 de enero hasta el 31 de diciembre, ambos días inclusive.
d) Todo es cierto.

4. ¿Qué término técnico debe emplearse para la actividad que produce un radio-núclido en el interior del organismo, que procede de una fuente exterior?

a) Ingestión.
b) Penetración.
c) Incorporación.
d) Irradiación.

5. Contaminación por efecto a la radiación ionizante es lo mismo que:

a) Exposición interna.
b) Exposición externa.
c) Irradiación.
d) Son ciertas las respuestas a) y c).

6. ¿Quién debe clasificar, tras hacer una evaluación previa, los lugares de trabajo, en función del riesgo de exposición y teniendo en cuenta la probabilidad y magnitud de las exposiciones potenciales?

a) El Jefe de Servicio de Medicina Nuclear y Jefe de Servicio de Radiología.
b) El Jefe de Servicio de Radioterapia.
c) El titular de la práctica.
d) Lo harán a) y b).

7. ¿Qué zona es aquella zona en la que, no siendo zona controlada, exista la posibilidad de recibir dosis efectivas superiores a 1 mSv por año oficial? La zona...

a) Libre.
b) Vigilada.
c) De permanencia limitada.
d) De permanencia reglamentada.

8. Las zonas no controladas son las zonas:

a) De permanencia limitada.
b) Prohibidas de paso.
c) De permanencia reglamentada.
d) Vigiladas.

9. ¿Qué afirmación es correcta respecto a la señalización de zonas de riesgo por efecto de las radiaciones ionizantes?

a) Ante un riesgo de irradiación el fondo presentará un punteado.
b) Ante un riesgo de irradiación el fondo será grisáceo y no blanco.
c) Ante un riesgo de irradiación el trébol no presentará puntas radiales.
d) Ante un riesgo de irradiación el trébol presentará puntas radiales.

10. ¿Cuál es el símbolo de señalización de las zonas de trabajo con riesgo de exposición a nivel internacional? Es:

a) Un trébol, con un fondo enmarcado en una orla hexagonal, del mismo color del símbolo y de la misma anchura que el diámetro de la circunferencia interior de dicho símbolo.
b) Un trébol, con un fondo enmarcado en una orla rectangular, del mismo color del símbolo y de la misma anchura que el diámetro de la circunferencia interior de dicho símbolo.

c) Un imán, con un fondo enmarcado en una orla rectangular de color blanco, del mismo color del símbolo y de la misma anchura que el diámetro de la circunferencia interior de dicho símbolo.

d) Un imán, con un fondo enmarcado en una orla rectangular de color amarillo, del mismo color del símbolo y de la misma anchura que el diámetro de la circunferencia interior de dicho símbolo.

11. ¿En qué normativa se obliga a establecer, con carácter general, las condiciones y requisitos técnicos mínimos para la aprobación y homologación de las instalaciones y equipos, relevantes para la salud y asistencia sanitaria?

a) Real Decreto 1841/1997, de 5 de diciembre.
b) Real Decreto 1566/1998, di 15 de abril.
c) Ley 14/1986, de 25 de abril, General de Sanidad.
d) Real Decreto 1976/1999, de 23 de diciembre.

12. ¿Qué norma establece las normas de seguridad básicas para la protección contra los peligros derivados de la exposición a radiaciones ionizantes, y deroga la Directiva 97/43/Euratom?

a) Directiva 2013/59/Euratom del Consejo, de 5 de diciembre.
b) Directiva 84/466/Euratom del Consejo, de 3 de septiembre.
c) Real Decreto 581/2002, de 14 de junio.
d) Directiva 96/29/Euratom del Consejo, de 13 de mayo.

En MADTEST tienes **más preguntas de este tema, comentadas y argumentadas,** y todos tus avances quedan registrados y se reflejan en el ranking.

¡Supera tus límites con MADTEST!

A continuación te presentamos algunos ejemplos de preguntas comentadas:

13. ¿Qué nuevo Real Decreto incorporan al ordenamiento jurídico español el capítulo VII, el artículo 83 y los artículos 1, 2, 4, 5, 6, 14, 18, 19, 77, 78 y 96 en lo relativo a exposiciones médicas, de la Directiva 2013/59/Euratom del Consejo, que deroga la anterior Directiva 97/43/Euratom del Consejo, y con ello deroga el Real Decreto 1132/1990?

a) Real Decreto 1841/2014.
b) Real Decreto 1566/2015.
c) Real Decreto 601/2019.
d) Ninguno de los anteriores.

Respuesta Correcta: c) Real Decreto 601/2019.

El nuevo Real Decreto que incorpora al ordenamiento jurídico español el capítulo VII, el artículo 83 y los artículos 1, 2, 4, 5, 6, 14, 18, 19, 77, 78 y 96 en lo relativo a exposiciones médicas, de la Directiva 2013/59/Euratom del Consejo, que deroga la anterior Directiva 97/43/Euratom del Consejo, y con ello deroga casi en su totalidad el Real Decreto 1132/1990, es el Real Decreto 601/2019, de 18 de octubre, sobre justificación y optimización del uso de las radiaciones ionizantes para la protección radiológica de las personas con ocasión de exposiciones médicas. Dicha normativa se recoge en el BOE Núm. 262, de 31/10/2019.

14. ¿Qué norma española vigente de las que se nombran, trata sobre la justificación y optimización del uso de las radiaciones ionizantes para la protección radiológica de las personas con ocasión de exposiciones médicas?

a) Real Decreto 220/1997.
b) Real Decreto 1132/1990.
c) Ley 14/1986.
d) Real Decreto 601/2019.

Respuesta Correcta: d) Real Decreto 601/2019.

Dicha norma es el Real Decreto 601/2019, de 18 de octubre, sobre justificación y optimización del uso de las radiaciones ionizantes para la protección radiológica de las personas con ocasión de exposiciones médicas. Dicha normativa se recoge en el BOE Núm. 262, de 31/10/2019, páginas 120840 a 120856 (17 págs.).

15. ¿Qué establece la Directiva 2013/59/Euratom del Consejo?

a) Reglamentos y consejos técnicos en la adopción de medidas frente a incidentes o/y accidentes radiactivos en centros médicos.
b) Normas de seguridad básicas para la protección contra los peligros derivados de la exposición a radiaciones ionizantes.
c) Recomendaciones sobre los límites máximos y mínimos de las tasas de dosis que se aplican en gabinetes radiológicos y de medicina nuclear, y en centros sanitarios públicos y privados.
d) Nada de lo anterior.

Respuesta Correcta: b) Normas de seguridad básicas para la protección contra los peligros derivados de la exposición a radiaciones ionizantes.

La Directiva 2013/59/Euratom del Consejo, se publicó en diciembre de 2013. Y obliga a los estados miembros a actualizar su legislación estableciendo las normas de seguridad básicas para proteger a la población de los riesgos de exposición a radiaciones ionizantes.

Solución al test n.º 16

1. d) En grandes hospitales públicos.

2. d) Especializada.

3. c) Es el periodo de tiempo de doce meses a contar desde el 1 de enero hasta el 31 de diciembre, ambos días inclusive.

4. c) Incorporación.

5. a) Exposición interna.

6. c) El titular de la práctica.

7. b) Vigilada.

8. d) Vigiladas.

9. d) Ante un riesgo de irradiación el trébol presentará puntas radiales.

10. b) Un trébol, con un fondo enmarcado en una orla rectangular, del mismo color del símbolo y de la misma anchura que el diámetro de la circunferencia interior de dicho símbolo.

11. c) Ley 14/1986, de 25 de abril, General de Sanidad.

12. a) Directiva 2013/59/Euratom del Consejo, de 5 de diciembre.

13. c) Real Decreto 601/2019.

14. d) Real Decreto 601/2019.

15. b) Normas de seguridad básicas para la protección contra los peligros derivados de la exposición a radiaciones ionizantes.

TEST N.º 17

Equipos de diagnóstico por imagen: radiología convencional intervencionista, tomografía computerizada, resonancia magnética y ultrasonidos

1. ¿Cuándo se producen los rayos X?

a) Cuando interacciona con el enfermo.
b) Cuando interacciona un electrón acelerado con el ánodo del tubo.
c) Cuando interacciona con el receptor de imagen.
d) Cuando interacciona con el intensificador.

2. ¿Qué porcentaje de la energía cinética de choque de los electrones con el ánodo del tubo se convierte en energía térmica?

a) 98-99 %.
b) 55 %.
c) 25 %.
d) 1-2 %.

3. ¿Qué hay que hacer para seleccionar una determinada técnica en radiología convencional?

a) Aplicar una corriente de alto voltaje (kV) entre ambos polos y posteriormente otra de bajo voltaje o tensión.
b) Aplicar una intensidad en el filamento catódico y otra en el filamento anódico.
c) Aplicar una intensidad en el filamento catódico y un alto voltaje entre ánodo y cátodo.
d) Aplicar una intensidad en el filamento catódico, un alto voltaje entre ánodo y cátodo y llevar a cabo un tiempo de exposición apropiado.

4. ¿Qué superficie cómo mínimo debe tener sala de intervención de la Unidad de Radiología intervencionista para que sea operativa?

a) 25 m².
b) 40 m².
c) 55 m².
d) 100 m².

5. ¿Qué punto focal tienen los tubos que se utilizan en angiografía intervencionista?

a) 0,01 mm.
b) 0,30 mm.
c) 0,65 mm.
d) 1,30 mm.

6. ¿Para qué región anatómica se fabricaron los primeros equipos de TC? Se fabricaron los primeros equipos de TC para explorar:

a) Tórax.
b) Abdomen.
c) Cráneo.
d) Extremidades.

7. ¿Qué equipo de TC es el último que se introduce para la práctica clínica?

a) TC de traslación-rotación con un solo detector, pero enorme.
b) Tomografía lineal.
c) TC helicoidal.
d) TC multidetector.

8. ¿Qué inconvenientes presentaba el TC de primera generación respecto a los actuales equipos?

a) Estudios larguísimos en el tiempo.
b) Sus indicaciones se limitaban al TC de encéfalo.
c) Peor calidad de la imagen diagnóstica.
d) Son ciertos todos los anteriores.

9. ¿A qué equivale el PITCH o factor de paso en equipos de TC helicoidal?

a) Equivale al giro de la mesa (en mm) por el diámetro del/de los detectores (en m) partido por el grosor de corte (en mm).
b) Equivale al movimiento de la mesa (en mm) por el giro (en segundo) partido por el grosor de corte (en mm).
c) Equivale al movimiento de la mesa (en mm) por el número de píxeles partido por el grosor de corte (en mm).
d) Equivale al movimiento de la mesa (en mm) por el vóxel partido por el grosor de corte (en mm).

10. ¿Qué equipos de TC ayudan a caracterizar las lesiones al introducir una nueva capacidad para cuantificar y separar materiales tales como el calcio, el yodo y el agua, permitiendo así determinar la composición química de las lesiones y su evolución?

a) TC helicoidal.
b) TC de haz cónico.
c) TC espectral.
d) TC multidetector.

11. ¿Qué afirmación es incorrecta respecto a la resonancia magnética nuclear (RMN)?

a) Es un examen no invasivo.
b) Los núcleos fundamentalmente de hidrógeno son los que nos van a aportar la información y la señal en los tejidos del cuerpo.
c) Se trata de un estudio de medicina nuclear.
d) Nos sirve de herramienta para llegar a diagnosticar una patología.

12. ¿Qué características de estas deben reunir los núcleos atómicos susceptibles del fenómeno de RM?

a) Que posean un número par de protones/neutrones.
b) Que no tengan electrones.
c) Que posean un número impar de protones/neutrones.
d) No ser susceptibles a la fuerza de un campo magnético.

En MADTEST tienes **más preguntas de este tema, comentadas y argumentadas**, y todos tus avances quedan registrados y se reflejan en el ranking.

¡Supera tus límites con MADTEST!

A continuación te presentamos algunos ejemplos de preguntas comentadas:

13. ¿Qué autor de los que se nombran demostró que la resonancia magnética, podía ser usada para detectar enfermedades, porque distintos tipos de tejidos emiten señales que varían en su duración en respuesta a un campo magnético, creando la patente del primer equipo de RM?

a) W. Pauli (1928).
b) Felix Bloch (1940).
c) Walther Gerlach (1978).
d) Raymon V. Damadian (1971).

Respuesta Correcta: d) Raymon V. Damadian (1971).

Fue el doctor Raymon V. Damadian, el que demostró que la resonancia magnética, podía ser usada para detectar enfermedades, porque distintos tipos de tejidos emiten señales que varían en su duración en respuesta a un campo magnético. Y creó el primer equipo de resonancia magnética en 1972, siendo otorgada la patente en 1974, y fue la primera que se dio en el campo de la resonancia magnética.

14. ¿Qué tipo de ondas sonoras utiliza la ecografía diagnóstica y terapéutica?

a) Infrasonidos de menos de 16 Hz de frecuencia.
b) Sonidos de 16 Hz a 16.000 Hz.
c) Ultrasonidos de 1 a 15 MHz.
d) Ultrasonidos de 15 MHz a 30 MHz.

Respuesta Correcta: c) Ultrasonidos de 1 a 15 MHz.

En la naturaleza existen animales capaces de percibir ultrasonidos, incluso transmitirlos, como por ejemplo los murciélagos y algunos insectos, pero ninguno en los rangos que se aplican en la ultrasonografía diagnóstica, o en la terapéutica con ultrasonidos, que es del rango de 1 a 15 MHz.

15. ¿Qué parámetro en ecografía indica las oscilaciones sonoras en la unidad de tiempo o ciclos en un segundo?

a) Amplitud sonora.
b) Longitud de onda.
c) Potencia sonora.
d) Frecuencia.

Respuesta Correcta: d) Frecuencia.

La frecuencia en ecografía es el número de oscilaciones o crestas de la onda que pasan por un observador estacionario en la unidad de tiempo (generalmente expresadas en oscilaciones o ciclos partido segundo).

Solución al test n.º 17

1. b) Cuando interacciona un electrón acelerado con el ánodo del tubo.

2. a) 98-99 %.

3. d) Aplicar una intensidad en el filamento catódico, un alto voltaje entre ánodo y cátodo y llevar a cabo un tiempo de exposición apropiado.

4. c) 55 m^2.

5. b) 0,3 mm.

6. c) Cráneo.

7. d) TC multidetector.

8. d) Son ciertos todos los anteriores.

9. b) Equivale al movimiento de la mesa por el giro partido por el grosor de corte.

10. c) TC espectral.

11. c) Se trata de un estudio de medicina nuclear.

12. c) Que posean un número impar de protones/neutrones.

13. d) Raymon V. Damadian.

14. c) Ultrasonidos de 1 a 15 MHz.

15. d) Frecuencia.

Contrastes radiológicos. Tipos. Indicaciones. Precauciones generales en su utilización

1. ¿Cuál es el principal motivo del empleo de medios de contraste?

a) Químicos (por su reactividad).
b) Físicos (por sus tipos de estado).
c) Biológicos (por su metabolismo).
d) Anatómicos (para diferenciar estructuras).

2. ¿Qué afirmación es incorrecta en cuanto a los medios de contrastes?

a) Generan imágenes en negro, para destacarlas de otras.
b) Generan imágenes en blanco, para destacarlas de otras.
c) Siempre tienen un Z o una densidad alta (como el yodo o bario).
d) Todo lo anterior es falso.

3. ¿Qué afirmación es incorrecta respecto de los contrastes radiológicos positivos?

a) Son radiotransparentes.
b) Ocasionan una importante absorción de los rayos X.
c) Son sustancias con un coeficiente de atenuación superior al de los tejidos biológicos.
d) Poseen un elevado número atómico.

4. ¿Qué tipo de medio de contraste empleado en radiología es positivo?

a) Nitrógeno.
b) Compuestos yodados.
c) Aire o anhídrido carbónico.
d) Oxígeno.

5. Todo lo que se dice respecto al empleo de doble contraste en radiología es falso, excepto que:

a) En la técnica de doble contraste se emplean dos contrastes positivos.
b) Un ejemplo de esta sería el empleo compuesto yodado asociado al sulfato de bario.

c) En la técnica de doble contraste se emplean dos contrastes negativos.

d) Siempre hay que combinar un medio de contraste positivo con uno negativo.

6. ¿Qué característica de las que se nombran no se da en los contrates positivos?

a) Densidad óptica: Blanco.

b) Elevado número atómico.

c) Son gases.

d) Coeficiente de atenuación lineal: superior al de los tejidos.

7. ¿Qué características comunes a todos los medios de contraste es falsa?

a) Deben poseer una fácil eliminación por el organismo.

b) Aquellos medios de contraste que vayan a ser inyectados han de ser estériles; exceptuando los que se toman por boca, cuya preparación de esterilidad no es tan rígida en la toma.

c) Deben producir un adecuado contraste en las imágenes, debido a la diferencia de atenuación entre las estructuras y el propio contraste.

d) Todas las anteriores afirmaciones son ciertas.

8. ¿Qué propiedad de los compuestos baritados, empleados como medio de contraste, es incorrecta?

a) En su composición, el elemento de contraste (Ba) debe poseer un elevado número atómico (56).

b) Las sustancias utilizadas son sales orgánicas de bario.

c) Están indicados en los estudios del tubo digestivo, por ser inocuos, ya que son compuestos no son reactivos.

d) Generalmente se administran en suspensión por vía oral o rectal.

9. ¿Cuándo están contraindicados los contrastes baritados en estudios digestivos?

a) En los casos de enema opaco, en estudios sin complicación aparente.

b) En estudios de esófago sin complicación aparente, como una acalasia.

c) Ante la sospecha de perforación de víscera hueca (PVH), asociado a un cuadro de abdomen agudo.

d) En estudios de tránsito gastroduodenal o tránsito intestinal ante sospecha de un tumor.

10. ¿Qué número atómico posee el yodo (I)?

a) 35.

b) 53.

c) 57.

d) 61.

11. Todo lo que se dice de los medios de contrastes yodados es cierto, excepto que:

a) Estos contrastes se administran en forma de solución por diversas vías, pero siempre evitando una composición con un menor grado de toxicidad y haciéndolos así más tolerables.

b) El yodo es un elemento químico que *a priori* posee una gran toxicidad.

c) Son aquellos que contienen yodo.

d) Deben ser introducidos en el organismo como compuestos inorgánicos, que tienen una reactividad química mínima.

12. ¿Qué medios de contrastes yodados no deben administrarse por vía intravascular?

a) Los compuestos yodados liposolubles.

b) Los compuestos yodados hidrosolubles.

c) No pueden administrarse los indicados en a) ni en b).

d) Pueden administrarse los indicados en a) y en b).

En MADTEST tienes **más preguntas de este tema, comentadas y argumentadas**, y todos tus avances quedan registrados y se reflejan en el ranking.

¡Supera tus límites con MADTEST!

A continuación te presentamos algunos ejemplos de preguntas comentadas:

13. ¿En qué circunstancias está indicada la toma de los compuestos yodados por vía oral?

a) Siempre que sean hidrosolubles.

b) Cuando existen perforaciones a cualquier nivel del tubo digestivo.

c) Siempre que sean hidrosolubles y cuando existen perforaciones a cualquier nivel del tubo digestivo.

d) Siempre que no sean hidrosolubles y cuando existen perforaciones a cualquier nivel del tubo digestivo.

Respuesta Correcta: c) Siempre que sean hidrosolubles y cuando existen perforaciones a cualquier nivel del tubo digestivo.

La vía oral se utiliza *siempre que no sean hidrosolubles y* exclusivamente en los siguientes casos: si está contraindicada la administración de sulfato de bario, es decir, *cuando existan perforaciones a cualquier nivel del tubo digestivo*, en estudios de TC abdominal y para el diagnóstico del íleo meconial aprovechando su alta osmolalidad que atrae gran cantidad de agua a nivel intestinal.

14. ¿Qué afirmación de las que se nombran de los contrastes yodados es correcta?

a) No se absorben por el organismo.

b) Generalmente son moléculas orgánicas simples.

c) Los compuestos yodados liposolubles poseen actualmente escasas indicaciones de uso.

d) Se administran en suspensión, nunca en soluciones.

Respuesta Correcta: c) Los compuestos yodados liposolubles poseen actualmente escasas indicaciones de uso.

La única afirmación correcta de los contrastes yodados es que *los compuestos yodados liposolubles poseen actualmente escasas indicaciones de uso*. Lo demás es todo falso, porque si se absorben por el organismo (el bario no), son moléculas orgánicas complejas y se administra más corrientemente en soluciones.

15. ¿Qué características de las enunciadas es aquella que condiciona su capacidad de absorber la radiación X, es decir, su coeficiente de atenuación o, dicho de otro modo, su poder contrastante?

a) Solubilidad.

b) Viscosidad.

c) Volatilidad.

d) Ninguna de las anteriores.

Respuesta Correcta: d) Ninguna de las anteriores.

La característica que condiciona su capacidad de absorber la radiación X, es decir, su coeficiente de atenuación o, dicho de otro modo, su poder contrastante es la *concentración de yodo por ml*. No enunciada en las opciones de respuestas, por tanto la correcta es: *ninguna de las anteriores*.

Solución al test n.º 18

1. d) Anatómicos (para diferenciar estructuras).

2. c) Siempre tienen un Z o una densidad alta (como el yodo o bario).

3. a) Son radiotransparentes.

4. b) Compuestos yodados.

5. d) Siempre hay que combinar un medio de contraste positivo con uno negativo.

6. c) Son gases.

7. d) Todas las anteriores afirmaciones son ciertas.

8. b) Las sustancias utilizadas son sales orgánicas de bario.

9. c) Ante la sospecha de perforación de víscera hueca (PVH), asociado a un cuadro de abdomen agudo.

10. b) 53.

11. d) Deben ser introducidos en el organismo como compuestos inorgánicos, que tienen una reactividad química mínima.

12. a) Los compuestos yodados liposolubles.

13. c) Siempre que sean hidrosolubles y cuando existen perforaciones a cualquier nivel del tubo digestivo.

14. c) Los compuestos yodados liposolubles poseen actualmente escasas indicaciones de uso.

15. d) Ninguna de las anteriores.

TEST N.º 19

Sistemas de imagen en la radiología convencional. Película radiográfica: revelado y fijado. Sistemas digitales de imagen

1. ¿A qué colores es sensible la película especial que se utiliza en la radiofotoscopia o fotofluorografía?

a) Al rojo y al amarillo.
b) Al rojo y al verde.
c) Al verde y al azul.
d) Al rojo, al verde y al azul.

2. ¿De qué material están fabricadas las capas base de las películas radiográficas actuales?

a) De gelatina endurecida.
b) De poliéster.
c) De vidrio.
d) De metal ferroso.

3. ¿Qué capa de la película radiográfica es la activa, llamada así por ser aquella en la que interactúan los rayos X y la luz visible para proporcionar la información diagnóstica?

a) Capa antihalo.
b) Capa de emulsión.
c) Capa adhesiva.
d) Capa protectora.

4. La capa protectora de la película es:

a) De gelatina.
b) De haluro de plata.
c) De poliéster.
d) De parafina.

5. ¿En qué tipo de películas se encuentra la capa antihalo?

a) En las películas de doble emulsión con una pantalla intensificadora.
b) En las películas de doble emulsión con dos pantallas intensificadoras.
c) En las películas monoemulsión.
d) Está en todas las anteriores.

6. ¿Qué se define como la susceptibilidad de la película a una determinada longitud de onda de la luz visible?

a) Contraste.
b) Latitud.
c) Sensibilidad espectral.
d) Velocidad o sensibilidad.

7. ¿Qué tipo de filtro se utiliza en películas de línea verde?

a) Filtro ámbar.
b) Filtro azul.
c) Filtro rojo.
d) Filtro violeta.

8. Cuanto mayor es la sensibilidad de una película:

a) Más cantidad o dosis de radiación se requiere para obtener una determinada densidad óptica.
b) Menos cantidad o dosis de radiación se requiere para obtener una determinada densidad óptica.
c) Menor cantidad de grano grueso poseen en la emulsión.
d) Son ciertas a) y b).

9. ¿Cómo influye el tamaño del grano de la emulsión si este es tamaño único y grande?

a) Contraste muy bajo, muy estrecha latitud y baja velocidad (o sensibilidad).
b) Contraste muy alto, muy estrecha latitud y baja velocidad (o sensibilidad).
c) Contraste muy alto, muy estrecha latitud y alta velocidad (o sensibilidad).
d) Contraste muy bajo, amplia latitud y alta velocidad (o sensibilidad).

10. Lo contrario a la latitud de una película radiográfica es:

a) Contraste.
b) Velocidad o sensibilidad.
c) Sensibilidad espectral.
d) Estabilidad.

11. ¿Qué latitud y contraste poseería una curva característica con una mayor pendiente (como la de la imagen)?

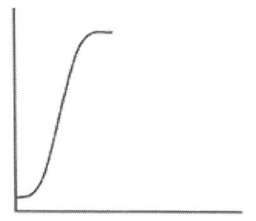

a) Menor contraste y mayor latitud.
b) Menor contraste y menor latitud.
c) Mayor contraste y mayor latitud.
d) Mayor contraste y menor latitud.

Imagen pregunta 11

12. ¿Con cuántas pantallas de refuerzo se emplean las películas de doble emulsión dentro del chasis?

a) Con ninguna.
b) Con una.
c) Con dos.
d) Con tres.

En MADTEST tienes **más preguntas de este tema, comentadas y argumentadas**, y todos tus avances quedan registrados y se reflejan en el ranking.

¡Supera tus límites con MADTEST!

A continuación te presentamos algunos ejemplos de preguntas comentadas:

13. Generalmente las películas de emulsión simple para radiografías realizadas con una sola pantalla intensificadora se emplean:

a) En portátiles.
b) En densitometría ósea.
c) En mamografías.
d) En radiología telemandada.

Respuesta Correcta: c) En mamografías.

Este tipo de películas, que presentan una sola capa de emulsión y una capa antihalo en la cara de la base opuesta a la emulsión, se disponen en el interior del chasis junto con una pantalla de refuerzo. Se utilizan en mamografía y son películas de grano fino que se combinan con pantallas intensificadoras de alta resolución de tierras raras, con lo que se obtiene una imagen con un elevado contraste y una adecuada nitidez, condiciones indispensables en el estudio de la imagen diagnóstica de la mama.

14. ¿De qué material suelen ser los elementos que se introducen dentro del chasis en una de los esquinas de la película, que ocasionan marcas e indicándonos el lado derecho o izquierdo de la placa?

a) De plástico.
b) De plomo.
c) De poliéster.
d) De parafina.

Respuesta Correcta: b) De plomo.

Los marcadores de identificación se pueden registrar en la película mediante diversos procedimientos, y uno de los más habituales es la impresión mediante *marcas de plomo*, generalmente en las esquinas, para indicarnos izquierda o derecha.

15. ¿A qué porcentaje de humedad deben permanecer las películas almacenadas?

a) Entre un 20-30 %.
b) Entre un 40-60 %.
c) Entre un 60-70 %.
d) Entre un 70-80 %.

Respuesta Correcta: b) Entre un 40-60 %.

Las películas almacenadas deben guardarse en un lugar seco, y la humedad tiene que estar entre el *40-60 %*, ya que si esta es inadecuada pueden aparecer artefactos debido a la electricidad estática (por debajo del 40 %) o aumentar el velo de la película (si se supera el 60 %).

Solución al test n.º 19

1. c) Al verde y al azul.

2. b) De poliéster.

3. b) Capa de emulsión.

4. a) De gelatina.

5. c) En las películas monoemulsión.

6. c) Sensibilidad espectral.

7. c) Filtro rojo.

8. b) Menos cantidad o dosis de radiación se requiere para obtener una determinada densidad óptica.

9. c) Contraste muy alto, muy estrecha latitud y alta velocidad (o sensibilidad).

10. a) Contraste.

11. d) Mayor contraste y menor latitud.

12. c) Con dos.

13. c) En mamografías.

14. b) De plomo.

15. b) Entre un 40-60 %.

TEST N.º 20

La imagen radiológica: concepto de imagen analógica e imagen digital. Receptores de imagen. Procesamiento de la imagen. Imagen fluoroscópica/radioscópica, característicade la imagen. Intensificador. Receptores de imagen. Cinefluorografía

1. ¿Cuál consideras el elemento básico necesario para la obtención de la imagen médica?

a) El médico que la interprete.
b) El técnico o profesional que realice el examen.
c) La estructura de estudio.
d) El tipo de energía utilizada.

2. ¿Qué examen de imagen médica se entiende como de radiología convencional?

a) RM cráneo.
b) TC tórax.
c) Radiografía de antebrazo.
d) Eco Doppler color de cráneo.

3. ¿Qué color se produce en la placa cuando los rayos X no pasan?

a) El negro.
b) El blanco.
c) El gris claro.
d) El gris oscuro.

4. En radiología, ¿de qué depende que se vean en la imagen las zonas anatómicas con aire de una tonalidad negra?

a) Escasa absorción.
b) Escasa densidad del aire.
c) Z bajo de sus componentes.
d) De todo lo anterior.

5. ¿De qué manera se obtiene la imagen radiográfica por la acción de los rayos X sobre la pantalla de un intensificador? Se obtiene de manera:

a) Simple.
b) Directa.
c) Indirecta.
d) Digitalmente.

6. ¿Qué ejes representan al píxel en la matriz en una imagen digital?

a) El eje X.
b) El eje Y.
c) El eje X e Y.
d) El eje X, Y, y Z.

7. ¿Cuál es el tercer valor dentro del píxel que no representa estructura, sino contenido?

a) Número de atenuación (escala de grises).
b) El eje P.
c) El valor Ω.
d) Ninguno de los anteriores.

8. Cuanto más tamaño tenga el píxel:

a) Mayor será la matriz.
b) Mayor será su peso o tamaño del archivo.
c) Menor será la calidad de la imagen.
d) Todo lo anterior es cierto.

9. ¿Qué se entiende por transformar la radiación que atraviesa el cuerpo del paciente en una imagen digitalizada?

a) Convertir la imagen en placa.
b) Convertir la imagen en números.
c) Convertir la imagen en letras.
d) Son ciertas las respuestas b) y c).

10. ¿En qué código es en el que se convierte la señal eléctrica captada por un ordenador, al transformarse la radiación que llega a los detectores?

a) En un código axel.
b) En un código hexadecimal.
c) En un código binario.
d) En un código ternario.

11. ¿Qué técnica de imagen médica es analógica?

a) TC.
b) RM.
c) Radiografía con pantalla.
d) Son todas digitales.

12. ¿Qué elemento mejoró sustancialmente la visión del radiólogo en imagen radioscópica, distinguiendo mejor los contrastes y detalles?

a) Oscurecimiento de la sala.
b) Uso de gafas rojas 30 minutos antes del examen.
c) Intensificador de imagen.
d) Chasis de plomo.

En MADTEST tienes **más preguntas de este tema, comentadas y argumentadas**, y todos tus avances quedan registrados y se reflejan en el ranking.

¡Supera tus límites con MADTEST!

A continuación te presentamos algunos ejemplos de preguntas comentadas:

13. ¿Qué es una seriografía?

a) Es un estudio fluoroscópico simple.
b) Es un estudio fluoroscópico con intensificador de imagen.
c) Es una serie de estudios por partes a nivel dinámico de unas determinadas estructuras anatómicas, mediante radioscopia.
d) Es una radiografía tomada durante una radioscopia, que se hace para visualizar algún detalle de interés que merezca la pena.

Respuesta Correcta: d) Es una radiografía tomada durante una radioscopia, que se hace para visualizar algún detalle de interés que merezca la pena.

Una seriografía no es más que una o múltiples radiografías tomadas durante el proceso de un examen mediante radioscopia, cuyo objetivo es visualizar algún detalle de interés para el diagnóstico.

14. En las técnicas radioscópicas:

a) No se utilizan medios de contraste.
b) Se estudian imágenes dinámicas del cuerpo humano.

c) No es posible conseguir una imagen estática de una zona de interés.
d) Las respuestas a) y c) son correctas.

Respuesta Correcta: b) Se estudian imágenes dinámicas del cuerpo humano.

La función principal del fluoroscopio es ayudar al radiólogo a observar visualmente los estudios dinámicos del cuerpo humano. Estos *estudios dinámicos* son exámenes que muestran el movimiento de la circulación o de las estructuras internas huecas.

15. ¿Cuál es la principal ventaja en el uso del intensificador?

a) Es fácil de utilizar.
b) Aumenta el tamaño de la imagen.
c) Aumenta el brillo de la imagen.
d) Permite prolongar las exploraciones en el paciente.

Respuesta Correcta: c) Aumenta el brillo de la imagen.

La principal ventaja que presentan los equipos de radioscopia dotados de intensificador de imagen con respectos a los convencionales es el mayor brillo de la imagen que ofrecen.

Solución al test n.º 20

1. d) El tipo de energía utilizada.

2. c) Radiografía de antebrazo.

3. b) El blanco.

4. d) De todo lo anterior.

5. c) Indirecta.

6. c) El eje X e Y.

7. a) Número de atenuación (escala de grises).

8. c) Menor será la calidad de la imagen.

9. b) Convertir la imagen en números.

10. c) En un código binario.

11. c) Radiografía con pantalla.

12. c) Intensificador de imagen.

13. d) Es una radiografía tomada durante una radioscopia, que se hace para visualizar algún detalle de interés que merezca la pena.

14. b) Se estudian imágenes dinámicas del cuerpo humano.

15. c) Aumenta el brillo de la imagen.

TEST N.º 21

Imagen analógica en radiología. Concepto. Formas de obtención. Calidad de la imagen

1. ¿Cuál es el principal fenómeno responsable de la atenuación de un haz de rayos X al atravesar un tejido con elevado número atómico (Z)?

a) Efecto Compton.
b) Efecto fotoeléctrico.
c) Difracción coherente.
d) Dispersión Rayleigh.

2. ¿Por qué el haz emergente que sale del paciente se describe como heterogéneo?

a) Porque está compuesto únicamente por fotones de baja energía.
b) Debido a que su intensidad y energía varían en función de la densidad y espesor de cada tejido atravesado.
c) Porque el colimador cambia constantemente la forma del haz.
d) Debido a la fluctuación del flujo eléctrico del tubo de rayos X.

3. ¿Qué propiedad de los rayos X se aprovecha en la radiografía directa (sin pantallas intensificadoras)?

a) Efecto fotográfico.
b) Efecto luminiscente.
c) Fluorescencia retardada.
d) Termoluminiscencia.

4. ¿Cuál de los siguientes receptores de imagen utiliza el efecto luminiscente en fluoroscopia convencional para transformar la radiación en una señal visible en tiempo real?

a) Película radiográfica de doble capa.
b) Chasis con pantalla de fósforo de gadolinio.
c) Detector plano digital (DR).
d) Intensificador de imagen.

5. En radiografía indirecta con pantallas intensificadoras, ¿cuál es la ventaja principal frente a la radiografía directa?

a) Mayor nitidez espacial sin pérdida de definición.
b) Reducción significativa de la dosis de radiación al paciente.
c) Menor dependencia de la energía del haz.
d) Eliminación total de la radiación dispersa.

6. En la radiografía directa (sin pantallas intensificadoras), ¿qué propiedad de los rayos X se aprovecha para formar la imagen latente en la emulsión fotográfica?

a) Efecto fotográfico.
b) Efecto luminiscente.
c) Dispersión coherente.
d) Producción de pares.

7. ¿Cuál es el inconveniente principal de la radiografía directa en términos de protección radiológica?

a) Genera imágenes con escaso contraste.
b) Requiere tiempos de exposición más largos.
c) Presenta efecto talón (heel effect) muy acusado.
d) Necesita dosis de rayos X mucho más altas para lograr un ennegrecimiento adecuado.

8. ¿Qué ventaja clínica aporta el uso de pantallas intensificadoras en la radiografía indirecta, aun a costa de cierta pérdida de nitidez?

a) Reduce la dosis de radiación necesaria para producir la imagen diagnóstica.
b) Elimina por completo la radiación dispersa.
c) Aumenta la resolución espacial por concentración de los fotones.
d) Impide la formación de artefactos de movimiento.

9. ¿Qué representa la imagen obtenida en radiología convencional?

a) Una proyección geométrica del haz incidente.
b) El espectro energético completo del generador de rayos X.
c) Una visualización directa de la anatomía sin atenuación.
d) Únicamente la densidad ósea del paciente.

10. ¿Cuál es el único receptor de imagen en la radiografía directa?

a) Pantalla intensificadora.
b) Película radiográfica.
c) Intensificador de imagen.
d) Sensor digital de silicio amorfo.

11. La radiografía con pantalla intensificadora se basa principalmente en el:

a) Efecto fotoeléctrico.
b) Efecto fotográfico exclusivo.
c) Efecto luminiscente.
d) Efecto Compton.

12. ¿Qué ventaja proporciona la radiografía con pantallas intensificadoras respecto a la directa?

a) Mayor contraste radiográfico.
b) Eliminación total de la borrosidad.
c) Disminución del artefacto por movimiento.
d) Reducción significativa de la dosis de radiación al paciente.

En MADTEST tienes **más preguntas de este tema, comentadas y argumentadas**, y todos tus avances quedan registrados y se reflejan en el ranking.

¡Supera tus límites con MADTEST!

A continuación te presentamos algunos ejemplos de preguntas comentadas:

13. Un inconveniente de usar pantallas intensificadoras es:

a) Aumento de la densidad óptica.
b) Disminución del contraste.
c) Pérdida de nitidez de la imagen.
d) Necesidad de mayores tiempos de exposición.

Respuesta Correcta: c) Pérdida de nitidez de la imagen.

La luz se difunde dentro de la emulsión y origina imágenes menos definidas en comparación con la radiografía directa.

14. El ennegrecimiento de la emulsión en radiografía directa se debe a la conversión de:

a) Ion bromo a bromo metálico.
b) Ion plata a plata metálica.

c) Ion cloro a cloro metálico.

d) Ion yodo a yodo metálico.

Respuesta Correcta: b) Ion plata a plata metálica.

15. ¿Por qué la radiografía directa exige dosis altas de radiación?

a) Por el elevado ruido cuántico.

b) Debido a la dispersión por efecto Compton predominante.

c) Porque los rayos X tienen gran poder de penetración y apenas se absorben en la emulsión.

d) Para compensar la baja velocidad de la película ortocromática.

Respuesta Correcta: c) Porque los rayos X tienen gran poder de penetración y apenas se absorben en la emulsión.

Solución al test n.º 21

1. b) Efecto fotoeléctrico.

2. b) Debido a que su intensidad y energía varían en función de la densidad y espesor de cada tejido atravesado.

3. a) Efecto fotográfico.

4. d) Intensificador de imagen.

5. b) Reducción significativa de la dosis de radiación al paciente.

6. a) Efecto fotográfico.

7. d) Necesita dosis de rayos X mucho más altas para lograr un ennegrecimiento adecuado.

8. a) Reduce la dosis de radiación necesaria para producir la imagen diagnóstica.

9. a) Una proyección geométrica del haz incidente.

10. b) Película radiográfica.

11. c) Efecto luminiscente.

12. d) Reducción significativa de la dosis de radiación al paciente.

13. c) Pérdida de nitidez de la imagen.

14. b) Ion plata a plata metálica.

15. c) Porque los rayos X tienen gran poder de penetración y apenas se absorben en la emulsión.

TEST N.º 22

La imagen radiológica digital. Concepto. Producción y tratamiento de la imagen digital. Ventajas

1. En la imagen digital:

a) Se puede visualizar sin soporte físico, tras su visualización directa en monitores especiales de diagnósticos.
b) Se visualizará en soporte físico mediante su impresión, generalmente con impresora láser.
c) Son ciertas las respuestas a) y b).
d) Ninguna de las respuestas anteriores es cierta.

2. El tercer valor representado en una matriz de una imagen digital se corresponde con:

a) Números en relación con el eje de coordenada X en un píxel de la matriz.
b) Números en relación con el eje de coordenada Y en un píxel de la matriz.
c) Números en relación con el eje de coordenada Z en un píxel de la matriz.
d) Números en relación con el nivel de gris que posee en un píxel de la matriz.

3. Para la transmisión de imágenes médicas provenientes de PACS se debe cumplir la norma:

a) ISO 9000.
b) DICOM.
c) HL-7.
d) AENOR.

4. ¿Cuántos píxeles contiene una matriz de 128x128?

a) 256 píxeles.
b) 4.096 píxeles.
c) 16.384 píxeles.
d) 16.284 píxeles.

5. La información que contienen los mapas de bits se expresa:

a) En potencia de 10.
b) En potencia de 2.
c) En potencia de 8.
d) En potencia de 16.

6. ¿Qué afirmación de la imagen digital es incorrecta?

a) El tipo de sistema de imagen más comúnmente representado es el de gráficos vectoriales o imágenes orientadas al objeto.
b) La matriz numérica se representa generalmente mediante un sistema binario.
c) Es una representación bidimensional de una imagen a partir de una matriz numérica.
d) La resolución de la imagen en los mapas de bit queda determinada por la cantidad de píxeles incluidos en dicha matriz.

7. ¿Hasta qué porcentaje aproximado se evitan las repeticiones con las técnicas digitales de imagen?

a) Entre el 1 y el 3 %.
b) Entre el 3 y el 6 %.
c) Entre el 10 y el 20 %.
d) Entre el 30 y el 40 %.

8. ¿Qué método radiográfico digital es de captura directa?

a) CCD.
b) VCD.
c) FPD.
d) Son ciertas las respuestas a) y c).

9. ¿Qué tipo de radiología digital de panel plano (FP) o Flat panel convierten directamente los fotones de rayos X en carga eléctrica?

a) De detectores de cadmio.
b) De detectores de silicio.
c) De detectores de selenio.
d) De detectores de platino.

10. ¿Qué emplean los sistemas de detectores radiología digital de panel plano (FP) o Flan panel indirecta para que se emita luz al absorber la radiación de los rayos X?

a) Transductores inversos.
b) Láminas fluorescentes de yoduro de cesio u otro material equivalente.
c) Tubos fotomultiplicadores de intensificación de imágenes, mediante dínodos acoplados.
d) Nada de lo anterior es cierto.

11. ¿Cuál es el receptor de imagen de las radiografías computarizadas (CR)?

a) Una pantalla fluorescente de yoduro de cesio.
b) Una pantalla fotoestimulable de tierras raras (lantano y gadolinio).
c) Una pantalla fosforescente fotoestimulable (fluoro haluro de bario activado con europio).
d) Una pantalla de cristal de centelleo fotoestimulable de itrio.

12. ¿Cómo se denomina el fenómeno que se da en los CR cuando los electrones atrapados en niveles de energía altos, retroceden a la banda de valencia, con emisión de luz ultravioleta?

a) Fenómeno de luminiscencia directa.
b) Fenómeno de luminiscencia estimulada.
c) Fenómeno de fosforescencia.
d) Fenómeno de luminiscencia del eutropio.

En MADTEST tienes **más preguntas de este tema, comentadas y argumentadas**, y todos tus avances quedan registrados y se reflejan en el ranking.

¡Supera tus límites con MADTEST!

A continuación te presentamos algunos ejemplos de preguntas comentadas:

13. ¿Qué tipo de láser se emplea para leer la información de la imagen latente en el chasis CR por barrido que propicia la excitación del fósforo?

a) Azul.
b) Verde.
c) Roja.
d) Ámbar.

Respuesta Correcta: c) Roja.

Una vez realizada la placa mediante CR se coloca el chasis dentro del equipo de lectura; este extrae la placa de fósforo y la coloca sobre un sistema de arrastre por rodillos; un haz de luz láser roja barre cada línea horizontal de la placa propiciando la excitación de manera que el fósforo emite la energía acumulada en forma de fotones de luz visible en el intervalo del azul al verde.

14. ¿Qué modalidad de colimadores puede llevar un TC?

a) Colimadores aleatorizados y colimadores pospaciente.
b) Colimadores aleatorizados y colimadores prepaciente.
c) Colimadores prepaciente y colimadores pospaciente.
d) Colimadores aleatorizados, colimadores prepaciente y colimadores pospaciente.

Respuesta Correcta: c) Colimadores prepaciente y colimadores pospaciente.

El componente básico de un TC es un haz de rayos X configurado en abanico, y un sistema constituido por dos colimadores, uno prepaciente y otro pospaciente.

15. La resolución en una TC es controlada principalmente por:

a) La densidad del propio paciente y la cantidad de radiación emitida.
b) El número de detectores existentes y su distribución espacial.
c) El diseño del sistema de detectores y por la velocidad con que el paciente o el haz de rayos X se traslada.
d) Son ciertas las respuestas a) y b).

Respuesta Correcta: c) El diseño del sistema de detectores y por la velocidad con que el paciente o el haz de rayos X se traslada.

La resolución en un TC es controlada principalmente por *el diseño del sistema de detectores y por la velocidad con que el paciente o el haz de rayos X se traslada*. Al aumentar la velocidad de traslación, menor es la cantidad de rayos X que son detectados, eso restringe la calidad de la imagen reduciendo la resolución de contraste.

Solución al test n.º 22

1. c) Son ciertas las respuestas a) y b).

2. d) Números en relación con el nivel de gris que posee en un píxel de la matriz.

3. b) DICOM.

4. c) 16.384 píxeles.

5. b) En potencia de 2.

6. a) El tipo de sistema de imagen más comúnmente representado es el de gráficos vectoriales o imágenes orientadas al objeto.

7. b) Entre el 3 y el 6 %.

8. d) Son ciertas las respuestas a) y c).

9. c) De detectores de selenio.

10. b) Láminas fluorescentes de yoduro de cesio u otro material equivalente.

11. c) Una pantalla fosforescente fotoestimulable (fluoro haluro de bario activado con europio).

12. b) Fenómeno de luminiscencia estimulada.

13. c) Roja.

14. c) Colimadores prepaciente y colimadores pospaciente.

15. c) El diseño del sistema de detectores y por la velocidad con que el paciente o el haz de rayos X se traslada.

TEST N.º 23

Terminología anatómica. Anatomía general. Planos. Proyecciones

1. Respecto al hidrógeno (H) como átomo:

a) Es el más frecuente en el universo, y en nuestra composición, aunque sin el átomo de carbono (C) no seríamos seres vivos.
b) En este átomo se fundamenta la mayor parte de los estudios de resonancia magnética (RM).
c) Son correctas las respuestas a) y b).
d) Son incorrectas las respuestas a) y b).

2. ¿Qué tejido humano no es básico de los que se nombran?

a) Tejido óseo.
b) Tejido muscular.
c) Tejido epitelial.
d) Ninguno de los anteriores es básico.

3. ¿Cómo se denomina el conjunto de células que estructuran el tejido noble, o propiamente es el tejido especializado en una determinada función, que se nutre o sostiene por otros?

a) Parénquima.
b) Estroma.
c) Epidermis.
d) Son correctas las respuestas b) y c).

4. ¿Qué condiciones o características de las enunciadas no posee el arquetipo humano?

a) Estar durante el estudio en Posición Anatómica.
b) Constitución o biotipo atlético.
c) Peso aproximado de 70 a 75 kilogramos.
d) Posee todas las anteriores.

5. El arquetipo humano está en la posición anatómica como modelo anatómico de estudio. ¿Qué característica de las que se nombran no pertenece a dicha posición?

a) Estar en bipedestación.
b) Los miembros superiores deben estar extendidos y pegados al cuerpo.
c) El observador está a las espaldas del arquetipo.
d) Cabeza erguida.

6. ¿Qué eje es aquella recta paralela al suelo, va de lado a lado y es perpendicular a los otros dos ejes?

a) Eje horizontal.
b) Eje sagital.
c) Eje longitudinal.
d) Ninguno de los anteriores.

7. ¿Qué plano va de arriba abajo, y del lado izquierdo al lado derecho, cortando al arquetipo en dos partes: anterior y posterior?

a) Plano transversal.
b) Plano coronal.
c) Plano sagital.
d) Plano horizontal.

8. ¿Qué dirección indica alejado del cuerpo?

a) Caudal.
b) Craneal.
c) Proximal.
d) Distal.

9. ¿Cómo se denomina el movimiento de rotación externa de alguna parte corporal?

a) Supinación.
b) Pronación.
c) Inversión.
d) Eversión.

10. ¿Cuántos grados de movimiento poseen las articulaciones interfalángicas?

a) Un grado de movimiento.
b) Dos grados de movimiento.
c) Tres grados de movimiento.
d) Ningún grado de movimiento.

11. ¿Qué otro nombre recibe la posición de decúbito dorsal?

a) Decúbito prono.
b) Decúbito lateral izquierdo.
c) Decúbito supino.
d) Decúbito transversal.

12. ¿Cuál es la posición en la que el enfermo se encuentra acostado sobre su abdomen y pecho, es decir, tumbado boca abajo?

a) Decúbito lateral derecho.
b) Decúbito dorsal.
c) Decúbito prono.
d) Decúbito supino.

En MADTEST tienes **más preguntas de este tema, comentadas y argumentadas**, y todos tus avances quedan registrados y se reflejan en el ranking.

¡Supera tus límites con MADTEST!

A continuación te presentamos algunos ejemplos de preguntas comentadas:

13. ¿Qué ángulo forma el paciente (o el respaldo de la cama) que se encuentra en la posición de Fowler o semisentado, con la cabecera levantada y piernas ligeramente flexionadas?

a) 15º.
b) 30º.
c) 45º.
d) 60º.

Respuesta Correcta: c) 45º.

En la posición de Fowler, el paciente permanece sentado, con las rodillas ligeramente flexionadas. El respaldo de la cama, al adoptar esta posición, forma un ángulo de 45º. La posición de Fowler alta es aquella en la que la cabecera de la cama está elevada 90º respecto a los pies, y la de semi-Fowler aquella en que la elevación es de 30º.

14. La posición semiprona es:

a) La posición de Fowler.
b) La posición de semi-Fowler.

c) La posición de Roser.

d) La posición de Sims.

Respuesta Correcta: d) La posición de Sims.

A la posición semiprona se le denomina también posición de Sims. Es una posición intermedia entre el decúbito prono y el decúbito lateral. En ella la cabeza está ladeada, el brazo inferior extendido hacia atrás y ligeramente separado del cuerpo, y el brazo superior está flexionado y próximo a la cabeza. La pierna inferior está semiflexionada por la rodilla, y la superior flexionada por la cadera y la rodilla.

15. La posición de seguridad, en la que se coloca a los enfermos inconscientes para facilitarles la eliminación de las secreciones y evitarles la broncoaspiración, es:

a) La posición de Sims.

b) La posición de decúbito supino.

c) La posición de Fowler.

d) La posición de Trendelenburg.

Respuesta Correcta: a) La posición de Sims.

A la posición de seguridad se le denomina también posición de Sims.

Solución al test n.º 23

1. c) Son correctas las respuestas a) y b).

2. a) Tejido óseo.

3. a) Parénquima.

4. d) Posee todas las anteriores.

5. c) El observador está a las espaldas del arquetipo.

6. a) Eje horizontal.

7. b) Plano coronal.

8. d) Distal.

9. a) Supinación.

10. a) Un grado de movimiento.

11. c) Decúbito supino.

12. c) Decúbito prono.

13. c) 45º.

14. d) La posición de Sims.

15. a) La posición de Sims.

TEST N.º 24

Radiología de urgencias, cuidados intensivos y quirófanos. El paciente politraumatizado, su manejo y prioridades exploratorias

1. El significado de urgencia sanitaria depende de:

a) El nivel socioeconómico de las personas.
b) El país.
c) El entorno.
d) Todas las anteriores opciones.

2. ¿Qué diferencia existe entre urgencia y emergencia sanitaria?

a) No existe diferencia entre ellas.
b) La emergencia es atendida por sanitarios, la urgencia no.
c) En la emergencia hay que actuar ¡ya!, tiene prioridad a la urgencia sanitaria.
d) En la urgencia hay que actuar ¡ya!, tiene prioridad a la emergencia sanitaria.

3. ¿Qué técnicas radiológicas de estas se requieren en las urgencias hospitalarias?

a) Ecografías.
b) Radiografías.
c) Resonancias magnéticas.
d) Son todas las anteriores.

4. ¿Qué afirmación NO es cierta?

a) Las decisiones a tomar son rápidas en urgencias tanto en el tratamiento, como en su evaluación.
b) Las decisiones que toman los profesionales sanitarios deben estar firmemente argumentadas.
c) No tiene por qué existir colaboración entre profesionales sanitarios que realizan las pruebas diagnóstico y los que deciden el tratamiento posterior.
d) Las decisiones médicas se basan en urgencias atendiendo a la naturaleza y gravedad del estado del paciente.

5. ¿Qué unidades de imagen para el diagnóstico se emplean habitualmente en cuidados intensivos?

a) Ecógrafos.
b) Equipos radiográficos transportables.
c) Equipos de radioscopias móviles.
d) Resonancias magnéticas portátiles.

6. ¿Qué medida no es apropiada al trabajar con aparatos de Rayos X móviles radiográficos?

a) Conocer antes de emplear las instalaciones eléctricas que estén preparadas o utilizar generadores a base de baterías con entrega instantánea de energía.
b) No importa dirigir nunca el haz útil o directo hacia otros enfermos, ya que la incidencia en estos es escasa.
c) Utilizar delantales y otros dispositivos de proteccion.
d) Ninguna de las anteriores es correcta.

7. ¿Qué objetivo busca la unidad de cuidados intensivos?

a) Realizar todas las pruebas especiales.
b) Suministrar atención continua y óptima a pacientes en situaciones potencialmente mortales.
c) Suministrar cuidadosamente la medicación para molestar poco al paciente.
d) Valorar al paciente cuando entra por urgencias.

8. En los estudios radiodiagnósticos para pacientes en cuidados intensivos existen unos problemas adicionales, entre ellos está/n:

a) El frío en la sala.
b) Luminosidad escasa.
c) Las conexiones externas como respiradores, electrodos…
d) El calor ambiental agita mucho a estas personas.

9. ¿Cuál de estos consideras algunos de los problemas que presentan los equipos móviles de rayos X y su empleo en la UCI?

a) Utilización en donde la instalación eléctrica no está preparada.
b) Equipos muy grandes para moverlos.
c) Empleo en salas carentes de blindajes estructurales y ocupadas por otras personas.
d) Son correctas a) y c).

10. ¿Qué se podría hacer al utilizar equipos móviles en salas carentes de blindajes y ocupadas por otras personas, con el fin de un perjuicio mínimo?

a) Situarnos a un metro de distancia del equipo.
b) Utilizar delantales de protección.

c) Dirigir el haz de rayos hacia otras personas.
d) Todas son buenas medidas a realizar.

11. ¿Qué unidades de imagen para el diagnóstico se emplean habitualmente en quirófanos?

a) Ecógrafos.
b) Equipos radiográficos transportables.
c) Equipos de radioscopias móviles.
d) Resonancias magnéticas portátiles.

12. ¿Qué aspectos debe tener en cuenta el técnico en radiodiagnóstico que trabaje en el servicio de quirófano?

a) Respetar las medidas de asepsia.
b) Conocer el manejo del equipo de rayos antes de la intervención.
c) Utilizar elementos de proteccion radiologica.
d) Todas son correctas.

En MADTEST tienes **más preguntas de este tema, comentadas y argumentadas**, y todos tus avances quedan registrados y se reflejan en el ranking.

¡Supera tus límites con MADTEST!

A continuación te presentamos algunos ejemplos de preguntas comentadas:

13. ¿Cuál de estas pruebas diagnósticas se realiza en el laboratorio de hemodinámica?

a) Cateterismo.
b) Urografía intravenosa.
c) Colonoscopia.
d) Histerosalpingografia.

Respuesta Correcta: a) Cateterismo.

El cateterismo se realiza en el Laboratorio de Hemodinámica; se utiliza ropa de quirófano para evitar las infecciones. Se trata de una técnica que aporta información precisa sobre el funcionamiento del corazón.

14. ¿Cuál de estas es una etiología o causa de politraumatismo?

a) Accidentes de tráfico.
b) Accidentes laborales y deportivos.
c) Desastres naturales.
d) Son todas las anteriores.

Respuesta Correcta: d) Son todas las anteriores.

La etiología de los politraumatismos es variada, entre ella destacar los accidentes de tráfico, los precipitados, los accidentes laborales, los accidentes deportivos, los desastres naturales, etc., Por tanto, son todas las anteriores, etiologías de politraumatismos.

15. ¿Cómo se define más apropiadamente paciente politraumatizado?

a) Se define como aquel paciente que entra por urgencias con varias contusiones.
b) Se define como aquel paciente al que debemos realizar varias radiografías.
c) Se define como aquel paciente que se queja de mucho dolor después de un accidente de tráfico.
d) Se define como aquel paciente con más de una lesión traumática, alguna de las cuales comporta, aunque sea potencialmente, riesgo vital es un politraumatizado.

Respuesta Correcta: d) Se define como aquel paciente con más de una lesión traumática, alguna de las cuales comporta, aunque sea potencialmente, riesgo vital es un politraumatizado.

Se define como aquel paciente con más de una lesión traumática, alguna de las cuales comporta, aunque sea potencialmente, riesgo vital es un politraumatizado. Se sabe que en Occidente es la principal causa de muerte traumática en las primeras cuatro décadas de la vida, con una mayor incidencia en edades comprendidas entre los 18 y 44 años. Y la mitad de las muertes se producen antes de la hospitalización del paciente.

Solución al test n.º 24

1. d) Todas las anteriores opciones.

2. c) En la emergencia hay que actuar ¡ya!, tiene prioridad a la urgencia sanitaria.

3. d) Son todas las anteriores.

4. c) No tiene por qué existir colaboración entre profesionales sanitarios que realizan las pruebas diagnóstico y los que deciden el tratamiento posterior.

5. b) Equipos radiográficos transportables.

6. b) No importa dirigir nunca el haz útil o directo hacia otros enfermos, ya que la incidencia en estos es escasa.

7. b) Suministrar atención continua y óptima a pacientes en situaciones potencialmente mortales.

8. c) Las conexiones externas como respiradores, electrodos....

9. d) Son correctas a) y c).

10. b) Utilizar delantales de protección.

11. c) Equipos de radioscopias móviles.

12. d) Todas son correctas.

13. a) Cateterismo.

14. d) Son todas las anteriores.

15. d) Se define como aquel paciente con más de una lesión traumática, alguna de las cuales comporta, aunque sea potencialmente, riesgo vital es un politraumatizado.

TEST N.º 25

Anatomía radiológica y técnicas de exploración radiológica de la columna vertebral, extremidades y articulaciones. Tipos de fracturas. Factores de exposición: quilovoltaje, miliamperaje y tiempo de exposición

1. ¿Qué elemento de los que se nombran no pertenece al sistema muscular del aparato locomotor?

a) Fascias.
b) Ligamentos.
c) Tendones.
d) Músculos.

2. ¿En qué zona de un hueso largo se localiza el cartílago de crecimiento?

a) En la epífisis proximal.
b) En la epífisis distal.
c) En la diáfisis.
d) En las metáfisis.

3. ¿Cómo se denomina el conjunto de sucesos o procesos que se llevan a cabo para el crecimiento y desarrollo de nuestro esqueleto?

a) Osificación.
b) Osteólisis.
c) Osteogénesis.
d) Calcificación.

4. ¿Qué estructuras óseas configuran ambas caderas?

a) Coxales y zonas proximales de las tibias.
b) Coxales y zonas proximales de ambos fémures.
c) Coxales y zonas distales de ambos fémures.
d) Coxales, sacro y zonas proximales de ambos fémures.

5. ¿Qué zona anatómica de la epífisis proximal del fémur derecho (zona posterior) es la marcada con una X?

a) Cuello anatómico.
b) Trocánter mayor.
c) Línea intertrocantérea.
d) Cuello quirúrgico.

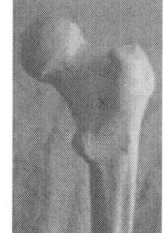

Imagen pregunta 5

6. ¿Qué zona anatómica de la epífisis distal del fémur derecho (zona posterior) es la marcada con una X?

a) Fosa intercondílea.
b) Plano poplíteo.
c) Línea áspera.
d) Tróclea.

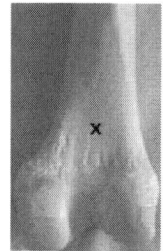

Imagen pregunta 6

7. ¿Qué huesos o partes óseas configuran la articulación sacroilíaca?

a) Sacro y coxis.
b) Coxal y hueso coxal.
c) Sacro y hueso coxal.
d) Sacro y última vértebra lumbar.

8. ¿Qué zona anatómica es la marcada con una X del hueso coxal?

a) Cavidad cotiloidea.
b) Agujero ilíaco.
c) Agujero obturador.
d) Agujero mayor.

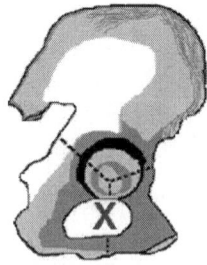

Imagen pregunta 8

9. ¿Qué huesos además de isquion y pubis forman el coxal?

a) Gonion.
b) Ilion.
c) Pisiforme.
d) Cuboides.

10. Todas las afirmaciones sobre la columna son ciertas excepto que:

a) Forma parte del esqueleto cervical, torácico, abdominal y pélvico.
b) Es esencialmente una estructura osteocartilaginosa.
c) Tiene forma de eje y ocupa la zona ventral y medialmente.
d) Generalmente su longitud es algo menor en mujeres que en hombres.

11. ¿Cómo se denominan las curvaturas fisiológicas del raquis de convexidad anterior?

a) Escoliosis.
b) Cifosis.
c) Lordosis.
d) Enosis.

12. La cifosis dorsal fisiológica va desde:

a) C6 a D8.
b) C7 a D9.
c) D1 a D10.
d) D2 a D12.

En MADTEST tienes **más preguntas de este tema, comentadas y argumentadas**, y todos tus avances quedan registrados y se reflejan en el ranking.

¡Supera tus límites con MADTEST!

A continuación te presentamos algunos ejemplos de preguntas comentadas:

13. ¿Con qué curvatura fisiológica el niño puede iniciar la marcha, junto con las que ya posee?

a) Lordosis cervical.
b) Cifosis dorsal.

c) Lordosis lumbar.
d) Las curvas fisiológicas no influyen en el inicio de la marcha.

Respuesta Correcta: c) Lordosis lumbar.

Los cambios evolutivos de las curvas fisiológicas del raquis son: al nacer el niño posee solo una curva fisiológica, en forma de cifosis general o global, que va desde el occipucio al coxis; en el tercer mes de vida, el niño se sienta sostenido y aparece la lordosis cervical, y con el año de vida, el niño comienza la marcha y aparece la lordosis lumbar. Con el origen de las lordosis aparecen sus cifosis compensatorias, también fisiológicas.

14. ¿Qué tipo de escoliosis consideras que puede ser aquella que se presenta en un determinado momento de la vida por vicios posturales o dismetrías, asociado a veces a contractura muscular?

a) Escoliosis estructural.
b) Escoliosis postural.
c) Escoliosis verdadera.
d) Todas las anteriores son ciertas.

Respuesta Correcta: b) Escoliosis postural.

La escoliosis es una curvatura lateral de la columna en el plano coronal, se acompaña siempre de una rotación de las vértebras afectadas. Las escoliosis se dividen en escoliosis verdaderas y en escoliosis falsas o posturales. En las verdaderas existen realmente estas desviaciones laterales de la columna, y en las falsas no son realmente desviaciones del raquis, sino que se dan por cambios posturales, dismetrías (una cadera más alta que la otra) o en forma de actitudes escolióticas por cualquier motivo que las induzca.

15. ¿Qué método de estudio radiográfico de los que se nombran se utiliza para medir el grado de curvatura de una escoliosis?

a) Método de Cobbs.
b) Método de Bartani-Costa.
c) Son correctas la a) y la b).
d) Son incorrectas la a) y la b).

Respuesta Correcta: a) Método de Cobbs.

Generalmente se utilizan dos métodos para medir el grado de la curvatura escoliótica, el método de Ferguson y el método de Cobbs. El método de Bartani-Costa no existe (es una invención).

Solución al test n.º 25

1. b) Ligamentos.

2. d) En las metáfisis.

3. c) Osteogénesis.

4. b) Coxales y zonas proximales de ambos fémures.

5. c) Línea intertrocantérea.

6. b) Plano poplíteo.

7. c) Sacro y hueso coxal.

8. c) Agujero obturador.

9. b) Ilion.

10. c) Tiene forma de eje y ocupa la zona ventral y medialmente.

11. c) Lordosis.

12. c) D1 a D10.

13. c) Lordosis lumbar.

14. b) Escoliosis postural.

15. a) Método de Cobbs.

TEST N.º 26

Anatomía radiológica y técnica de exploración de la región craneal. Factores de exposición: quilovoltaje, miliamperaje y tiempo de exposición

1. ¿Qué plano corta ambas fontanelas en el neonato?

a) El frontal.
b) El transversal.
c) El coronal.
d) El sagital.

2. ¿Cómo se denomina la fontanela mayor o anterior en recién nacidos?

a) Bregma.
b) Lambda.
c) Delta.
d) Ómicron.

3. ¿En qué partes el plano antropológico divide al cráneo?

a) Zonas izquierda/derecha.
b) Zonas superior/inferior.
c) Zonas anterior/posterior.
d) OPI/OAD.

4. ¿Qué hueso de la cara es impar?

a) Malar.
b) Palatino.
c) Maxilar.
d) Vómer.

5. ¿En qué hueso de la cabeza existe una prominencia denominada tubérculo faríngeo?

a) Temporal.
b) Esfenoides.
c) Occipital.
d) Cigomático.

6. El clivus es una estructura endocraneana formada por la unión del hueso esfenoides con el hueso:

a) Frontal.
b) Occipital.
c) Temporal.
d) Atlas.

7. ¿La unión de qué huesos forman el asterión?

a) Malar y maxilar.
b) Maxilar, nasal y cigomático.
c) Frontal, parietal y temporal.
d) Occipital, parietal y temporal.

8. ¿Qué oquedades del cráneo/cara contribuye a formar el hueso esfenoides?

a) Boca y fosas nasales.
b) Oídos y fosas nasales.
c) Órbitas y fosas nasales.
d) Boca y oídos.

9. ¿Por qué prominencias o apófisis del hueso esfenoides transcurre el recorrido del nervio óptico por el canal o conducto óptico (o quiasmático)?

a) A través de las mayores.
b) A través de las menores.
c) A través de las caudales o apófisis pterigoides.
d) A través de las apófisis clinoideas posteriores.

10. Las apófisis mastoides se encuentran en el hueso:

a) Occipital.
b) Esfenoides.
c) Temporal.
d) Parietal.

11. ¿Qué huesos del cráneo/cara contribuyen mediante apófisis o procesos a unirse con el hueso malar?

a) Frontal, temporal y maxilar.
b) Frontal y temporal.
c) Frontal y maxilar.
d) Temporal y maxilar.

12. ¿Dónde se localiza la glabela? Entre los arcos:

a) Paranasales.
b) Cigomáticos.
c) Supraciliares.
d) Infraciliares.

En MADTEST tienes **más preguntas de este tema, comentadas y argumentadas**, y todos tus avances quedan registrados y se reflejan en el ranking.

¡Supera tus límites con MADTEST!

A continuación te presentamos algunos ejemplos de preguntas comentadas:

13. ¿En qué hueso de la cabeza/cráneo se encuentran las láminas papiráceas?

a) En el vómer.
b) En el etmoides.
c) En el unguis.
d) En el frontal.

Respuesta Correcta: b) En el etmoides.

Las láminas papiráceas se localizan lateralmente en las masas laterales del hueso etmoides o laberintos etmoidales, denominadas también láminas orbitales del etmoides, y constituyen un elemento de la pared interna o medial de ambas órbitas.

14. ¿Qué ángulo aproximado forman las ramas ascendentes de la mandíbula al unirse al cuerpo de la misma?

a) Forman un ángulo casi de 180º.
b) Forman un ángulo casi de 110º.

c) Forman un ángulo casi de 90º.
d) Forman un ángulo casi de 45º.

Respuesta Correcta: c) Forman un ángulo casi de 90º.

Las ramas ascendentes de la mandíbula se unen al cuerpo casi formando un ángulo recto (90º) en sentido vertical.

15. ¿Qué numeración de la siguiente debe recibir el diente marcado con una X?

a) 2.4.
b) 2.5.
c) 3.4.
d) 3.5.

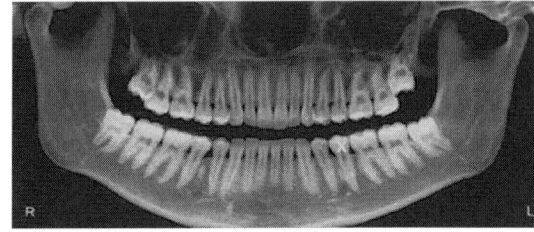

Imagen pregunta 15

Respuesta Correcta: d) 3.5.

En el panorex de la imagen, la pieza dentaria marcada con una X, se corresponde con el diente 3.5., ya que está en el tercer cuadrante (inferior izquierdo: 3) y en la hemiarcada ocupa el lugar quinto iniciándolo en el incisivo central (es el 5), que es concretamente el segundo premolar inferior izquierdo.

Solución al test n.º 26

1. d) El sagital.

2. a) Bregma.

3. b) Zonas superior/inferior.

4. d) Vómer.

5. c) Occipital.

6. b) Occipital.

7. d) Occipital, parietal y temporal.

8. c) Órbitas y fosas nasales.

9. b) A través de las menores.

10. c) Temporal.

11. a) Frontal, temporal y maxilar.

12. c) Supraciliares.

13. b) En el etmoides.

14. c) Forman un ángulo casi de 90º.

15. d) 3.5.

Anatomía radiológica y técnicas de exploración del tórax. Conceptos generales sobre la patología pulmonar. Factores de exposición: quilovoltaje, miliamperaje y tiempo de exposición

1. ¿Qué afirmación es cierta de la radiografía de tórax?

a) Es considerada una prueba complementaria, y por ello no tiene que ser valorada en la globalidad de la Historia Clínica del paciente.

b) La radiografía de tórax es el segundo estudio radiográfico que se realiza con mayor frecuencia tanto en urgencias como en el servicio de radiología general, tras la de abdomen.

c) En las mujeres pacientes, no deben quitarse el sujetador para su realización por intimidad, ni debe recogerse el pelo si está muy largo, así como no es necesario desprenderse de los objetos que lleve el paciente colgados al cuello.

d) Esta exploración está dirigida hacia el diagnóstico de enfermedades de alta prevalencia en la sociedad actual, como son las afecciones cardiovasculares y pulmonares, además de otros procesos que pueden suponer un riesgo vital para el paciente.

2. ¿Cuál de estas no es una indicación en principio de la radiografía de tórax?

a) Insuficiencia cardíaca aguda.
b) Traumatismo torácico.
c) EPOC.
d) *Diabetes mellitus*.

3. La caja torácica está constituida por estructuras:

a) Musculocondrales.
b) Musculoesqueléticas.
c) Son correctas a) y b).
d) Son incorrectas a) y b).

4. ¿Cómo se denomina la parte señalada con una X de este hueso?

a) Cuerpo esternal.
b) Manubrio esternal.
c) Apéndice xifoides.
d) Sincondrosis esternal.

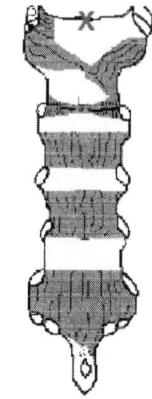

Imagen pregunta 4

5. ¿Cómo se denominan las costillas que no se unen al esternón?

a) Asternales.
b) Esternales.
c) Flotantes.
d) Apéndices costiformes.

6. ¿En qué estructura anatómica de las que se nombra se encuentra el *tubérculo de Lisfranc*?

a) En todas las costillas.
b) En la primera costilla.
c) En el esternón.
d) En las vértebras dorsales o torácicas.

7. ¿Qué caracteriza a las articulaciones de la caja torácica?

a) Algunas no son cartilaginosas.
b) Cierran la caja torácica por detrás y por delante queda abierta.
c) No tienen movilidad (sincondrosis o sinartrosis).
d) Todas son ciertas.

8. ¿Qué músculos propios del tórax, de estos, guarda el carácter segmentario?

a) Serratos dorsales.
b) Intercostales internos.
c) Romboides.
d) Supracostales.

9. ¿Qué nombre recibe el conjunto de estructuras de sostén del árbol bronquial?

a) Alveolos.
b) Saco aéreo.
c) Parénquima pulmonar.
d) Hilio pulmonar.

10. ¿Qué senos nasales son los de mayor tamaño?

a) Los senos frontales.
b) Los senos etmoidales.
c) Los senos maxilares.
d) Los senos esfenoidales.

11. ¿Qué volumen aéreo se le define como aquel aire existente de forma pasiva en las vías respiratorias?

a) Aire corriente.
b) Espacio muerto.
c) Volumen residual.
d) Capacidad vital.

12. ¿Qué órgano de estos se encuentra en el mediastino inferior?

a) Tráquea.
b) Timo.
c) Corazón.
d) Esófago.

En MADTEST tienes **más preguntas de este tema, comentadas y argumentadas**, y todos tus avances quedan registrados y se reflejan en el ranking.

¡Supera tus límites con MADTEST!

A continuación te presentamos algunos ejemplos de preguntas comentadas:

13. ¿Qué logramos en la PA de tórax al posicionar al paciente con las manos colocadas en jarra, y el desplazamiento ligero de los codos hacia delante?

a) Una mayor expansión pulmonar.
b) Que el esternón quede fuera de los campos pulmonares.

c) Que las escápulas queden fuera de los campos pulmonares.
d) Todo lo anterior es cierto.

Respuesta Correcta: d) Todo lo anterior es cierto.

En la PA de tórax, las manos se colocan en jarra y los codos se desplazan ligeramente hacia delante, de esta forma conseguimos que las escápulas queden fuera de los campos pulmonares, con el plano torácico anterior más cercano a la placa radiográfica, quedando el esternón fuera de los campos pulmonares y se logra una mayor expansión pulmonar.

14. ¿En qué patología se hace necesaria la proyección PA de tórax en espiración, para así demostrar atrapamiento aéreo?

a) Neumonía.
b) Neumotórax.
c) Insuficiencia cardíaca aguda.
d) Traumatismo torácico múltiple (músculo-esquelético).

Respuesta Correcta: b) Neumotórax.

Existen determinadas patologías donde se hacen necesarias las proyecciones PA de tórax en espiración para demostrar atrapamiento aéreo, entre ellas cabe mención al neumotórax. El resto de las opciones se hacen en inspiración máxima.

15. ¿Dónde se centrará el rayo central en la PA de tórax?

a) A la altura del manubrio esternal.
b) A la altura de la 4.ª, 5.ª o 6.ª vértebra torácica.
c) A la altura de la horquilla esternal.
d) A la altura de la 1.ª, 2.ª o 3.ª vértebra torácica.

Respuesta Correcta: b) A la altura de la 4.ª, 5.ª o 6.ª vértebra torácica.

El rayo irá centrado en la PA de tórax, a la altura de la 4.ª, 5.ª o 6.ª vértebra torácica.

Solución al test n.º 27

1. d) Esta exploración está dirigida hacia el diagnóstico de enfermedades de alta prevalencia en la sociedad actual, como son las afecciones cardiovasculares y pulmonares, además de otros procesos que pueden suponer un riesgo vital para el paciente.

2. d) *Diabetes mellitus*.

3. c) Son correctas a) y b).

4. b) Manubrio esternal.

5. a) Asternales.

6. b) En la primera costilla.

7. c) No tienen movilidad.

8. b) Intercostales internos.

9. c) Parénquima pulmonar.

10. c) Los senos maxilares.

11. b) Espacio muerto.

12. d) Esófago.

13. d) Todo lo anterior es cierto.

14. b) Neumotórax.

15. b) A la altura de la 4.ª, 5.ª o 6.ª vértebra torácica.

TEST N.º 28

Anatomía radiológica y técnicas de exploración del aparato génito-urinario. Factores de exposición: quilovoltaje, miliamperaje y tiempo de exposición

1. ¿Qué órganos, sistemas o aparatos eliminan agua en nuestro organismo?

a) Aparato digestivo y aparato urinario.
b) Piel y aparato urinario.
c) Aparato respiratorio, urinario, digestivo y la piel.
d) Sistema nervioso, aparato respiratorio, urinario, digestivo y la piel.

2. ¿Qué estructuras conforman las vías urinarias?

a) Riñones y vejiga.
b) Uretra y uréteres.
c) Pelvis renal, uretra y uréteres.
d) Vejiga, uretra y uréteres.

3. ¿Qué zona de la uretra del varón se relaciona con las glándulas de Cowper?

a) La uretra prostátlca.
b) La uretra membranosa.
c) La uretra esponjosa.
d) Ninguna de las anteriores.

4. ¿Qué porción del uréter se relaciona con la pelvis renal?

a) La porción pélvica.
b) La porción media.
c) La porción abdominal.
d) La porción intramural.

5. ¿Qué estructura anatómica de la imagen es la marcada con una X?

a) Uréter izquierdo.
b) Uréter derecho.
c) Arteria renal.
d) Vena renal.

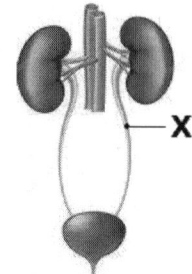

Imagen pregunta 5

6. ¿Cuánto pesa aproximadamente cada riñón y que forma tiene?

a) Pesan aproximadamente entre 200-300 g y tienen forma de cuña.
b) Pesan aproximadamente entre 200-300 g y tienen forma de habichuela o frijol.
c) Pesan aproximadamente entre 350-450 g y tienen forma de flor.
d) Pesan aproximadamente entre 350-450 g y tienen forma de habichuela o frijol.

7. ¿Qué estructura anatómica que entra en riñones de la imagen es la marcada con una X?

a) Uretra.
b) Uréter.
c) Arteria renal.
d) Vena renal.

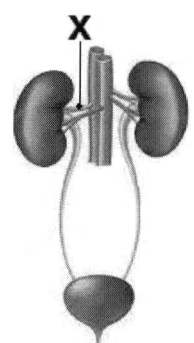

Imagen pregunta 7

8. ¿Qué estructuras conforman la cortical de los riñones?

a) Los rayos medulares y los lóbulos.
b) La corteza y la zona glomerular.
c) Los lóbulos, los cálices y la pelvis renal.
d) La medular y la zona glomerular.

9. ¿Qué es una nefrona?

a) Es una célula glomerular.
b) Es la unidad anatomofuncional de los riñones.
c) Es una célula renal.
d) Nada de lo anterior es cierto.

10. ¿Qué zona anatómica de la nefrona es la marcada con una X?

a) Túbulo contorneado proximal.
b) Glomérulo.
c) Túbulo contorneado distal.
d) Asa de Henle.

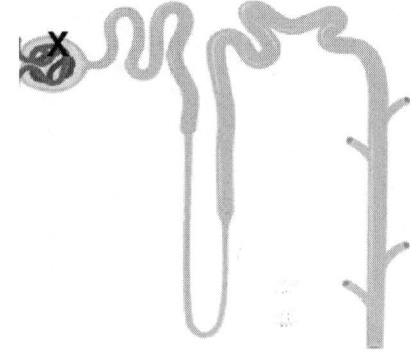

Imagen pregunta 10

11. ¿Qué zona anatómica de la nefrona es la marcada con una X?

a) Asa de Henle ascendente.
b) Túbulo contorneado distal.
c) Túbulo colector.
d) Asa de Henle descendente.

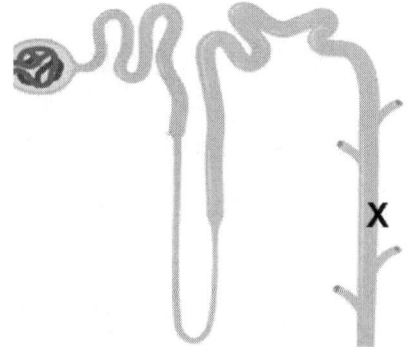

Imagen pregunta 11

12. ¿Qué tipos de estructuras no forman parte de la morfología interna del aparato genital masculino?

a) Testículos.
b) Los escrotos.
c) Glándulas seminales.
d) Todas las anteriores.

177

En MADTEST tienes **más preguntas de este tema, comentadas y argumentadas**, y todos tus avances quedan registrados y se reflejan en el ranking.

¡Supera tus límites con MADTEST!

A continuación te presentamos algunos ejemplos de preguntas comentadas:

13. ¿La unión de qué conductos forman el conducto eyaculador?

a) La unión del conducto de la vesícula seminal y del conducto espermático.
b) La unión del conducto espermático y la uretra prostática.
c) La unión del conducto deferente y el conducto de la vesícula seminal.
d) La unión de la uretra prostática y de la uretra bulbar.

Respuesta Correcta: c) La unión del conducto deferente y el conducto de la vesícula seminal.

El conducto eyaculador lo forma la unión del conducto deferente proveniente de la continuación del epidídimo tras su salida de los testículos *y del conducto de la vesícula seminal*.

14. ¿Qué nombre recibe el tercio interno de la trompa de Falopio?

a) Infundíbulo.
b) Pabellón.
c) Istmo.
d) Cuerpo.

Respuesta Correcta: c) Istmo.

Las trompas de Falopio (u oviductos), son órganos pares, extendidos transversalmente desde la extremidad externa del ovario hasta la parte superior del útero y podemos dividirlas cada una en tres tercios: *tercio interno o istmo*, tercio medio o cuerpo, y tercio externo o pabellón (o infundíbulo).

15. Todo lo que se dice de los ovarios es cierto, excepto que:

a) Se dividen en dos partes, a saber: la cortical, más interna y la medular, más externa.
b) Posee una forma comparable a una "almendra" de 4 cm de diámetro.

c) Se encuentran suspendidos en el abdomen por dos uniones: una externa, realizada por medio de las fimbrias de las trompas, y otra interna realizada por el ligamento del útero.

d) Son órganos pares y los primarios del aparato genital femenino.

Respuesta Correcta: a) Se dividen en dos partes, a saber: la cortical, más interna y la medular, más externa.

De las opciones dadas no es cierto que los ovarios se dividan en dos partes llamadas cortical o más interna y medular o más externa, ya que *la cortical es la capa más externa, y la medular es la más interna*. Todo lo restante es cierto.

Solución al test n.º 28

1. c) Aparato respiratorio, urinario, digestivo y la piel.

2. d) Vejiga, uretra y uréteres.

3. b) La uretra membranosa.

4. c) La porción abdominal.

5. a) Uréter izquierdo.

6. b) Pesan aproximadamente entre 200-300 g y tienen forma de habichuela o frijol.

7. c) Arteria renal.

8. b) La corteza y la zona glomerular.

9. b) Es la unidad anatomofuncional de los riñones.

10. b) Glomérulo.

11. c) Túbulo colector.

12. b) Los escrotos.

13. c) La unión del conducto deferente y el conducto de la vesícula seminal.

14. c) Istmo.

15. a) Se dividen en dos partes, a saber: la cortical, más interna y la medular, más externa.

Anatomía radiológica y técnicas de exploración del abdomen, con y sin medios de contraste. Factores de exposición: quilovoltaje, miliamperaje y tiempo de exposición

1. ¿Qué órgano abdominal no pertenece al aparato o sistema digestivo, al hepatobiliar, al urinario ni reproductor?

a) Páncreas.
b) Vejiga.
c) Próstata.
d) Bazo.

2. ¿Qué órgano de estos se localiza en la cavidad pélvica?

a) Próstata.
d) Ovarios.
a) Páncreas.
b) Son correctas a) y b).

3. ¿Cuál de las siguientes estructuras no es retroperitoneal?

a) Riñones.
b) Hígado.
c) Páncreas.
d) Duodeno.

4. ¿Qué víscera es subperitoneal?

a) Hígado.
b) Páncreas.
c) Útero.
d) Bazo.

5. ¿Por dónde pasa el plano horizontal superior, o transpilórico, que crea la división de la cara anterior del abdomen perpendicular a la línea media y a los otros dos verticales?

a) Se traza a nivel de los novenos cartílagos costales.
b) Se traza en el borde inferior de la primera vértebra lumbar.
c) Son correctas a) y b).
d) Son incorrectas a) y b).

6. ¿Qué nombre recibe el cuadrante abdominal marcado con una X?

a) Hipogastrio.
b) Epigastrio.
c) Hipocondrio.
d) Mesogastrio.

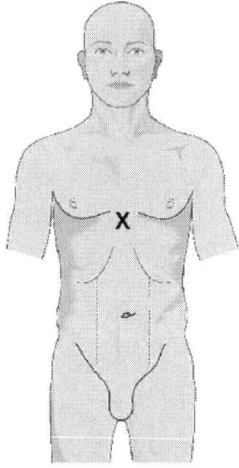

Imagen pregunta 6

7. ¿Qué estructura/estructuras anatómicas aloja el cuadrante abdominal marcado con una X?

a) Colon ascendente y la mayor parte del riñón derecho.
b) Parte del íleon, válvula íleo-cecal, ciego y apéndice.
c) Colon descendente y la mayoría del riñón izquierdo.
d) Parte del íleon y del sigma, vejiga urinaria y recto.

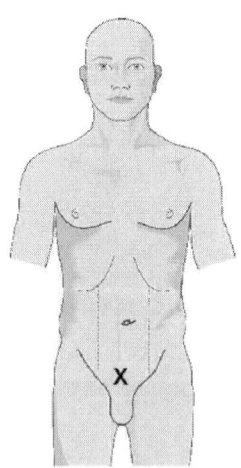

Imagen pregunta 7

8. ¿Qué partes óseas no deben visualizarse en una radiografía simple de abdomen?

a) Últimas costillas.
b) Últimas vértebras dorsales.
c) La sínfisis del pubis.
d) Deben visualizarse todas las anteriores.

9. ¿Qué puede significar una modificación de la línea recta normal del psoas en una radiografía simple de abdomen?

a) Puede ser significativa de una variante anatómica.
b) Puede ser significativa de una secuela de un traumatismo muscular.
c) Puede ser significativa de una afección retroperitoneal.
d) Puede ser significativa de una afección intraperitoneal.

10. ¿Qué estructura anatómica se visualiza en una radiografía simple de abdomen como una sombra homogénea de densidad agua, localizada en el hipocondrio derecho, limitando su borde superior con el diafragma y su borde inferior estará representado por una línea oblicua que es visible a veces cuando se haya destacado por una línea grasa?

a) Bazo.
b) Vesícula biliar.
c) Páncreas.
d) Hígado.

11. ¿Qué estructura anatómica se visualiza en una radiografía simple de abdomen en bipedestación como una burbuja llena de aire por debajo del diafragma izquierdo?

a) Duodeno.
b) Yeyuno.
c) Estómago.
d) Cabeza del páncreas.

12. ¿Qué estructura y sus partes no deben visualizarse con calidad en una radiografía simple de abdomen (sin contraste)?

a) Haustras.
b) Riñones.
c) Uréteres.
d) Sigma.

En MADTEST tienes **más preguntas de este tema, comentadas y argumentadas**, y todos tus avances quedan registrados y se reflejan en el ranking.

¡Supera tus límites con MADTEST!

A continuación te presentamos algunos ejemplos de preguntas comentadas:

13. ¿Cuándo es posible ver la vejiga urinaria en una radiografía simple de abdomen (sin contraste)?

a) No es posible verla.
b) Cuando ha vaciado su contenido, al estar contraída.
c) Cuando está llena de orina, al estar distendida.
d) Cuando hay un pólipo en su pared.

Respuesta Correcta: c) Cuando está llena de orina, al estar distendida.

En una radiografía simple de abdomen la vejiga urinaria puede ser visible, sobre todo cuando está suficientemente distendida (llena de orina).

14. ¿Qué órganos son visibles en una radiografía simple de abdomen (sin contraste)?

a) Próstata.
b) Vasos abdominales.
c) Útero o matriz.
d) Ninguno es visible.

Respuesta Correcta: d) Ninguno es visible.

Normalmente ni la próstata ni los vasos abdominales son visibles, exceptuando en personas mayores, puesto que pueden presentar placas calcificadas, tanto en la aorta como en sus ramas, e incluso en las arterias del bazo, riñones e hígado. Otros órganos genitales internos, generalmente no son perceptibles radiográficamente, salvo que se empleen contrastes para su visualización, como es el útero o matriz.

15. ¿Cuál es la primera exploración radiológica que se realiza en el Servicio de Urgencias en caso de manifestaciones abdominales?

a) Radiografía PA de tórax.
b) Radiografías PA y L de tórax.

c) Radiografía simple de abdomen.
d) TC de abdomen.

Respuesta Correcta: c) Radiografía simple de abdomen.

La *radiografía simple de abdomen* es la primera exploración radiológica que se realiza en el Servicio de Urgencias en caso de manifestaciones abdominales. Permite diagnosticar o ayudar en el diagnóstico de diversas patologías abdominales, ya que posibilita el estudio de las estructuras existentes en el abdomen.

Solución al test n.º 29

1. d) Bazo.

2. a) Próstata.

3. b) Hígado.

4. c) Útero.

5. c) Son correctas a) y b).

6. b) Epigastrio.

7. d) Parte del íleon y del sigma, vejiga urinaria y recto.

8. d) Deben visualizarse todas las anteriores.

9. c) Puede ser significativa de una afección retroperitoneal.

10. d) Hígado.

11. c) Estómago.

12. c) Uréteres.

13. c) Cuando está llena de orina, al estar distendida.

14. d) Ninguno es visible.

15. c) Radiografía simple de abdomen.

TEST N.º 30

Anatomía radiológica y técnicas de exploración de la mama. Factores de exposición: quilovoltaje, miliamperaje y tiempo de exposición

1. ¿Qué afirmación no es correcta de las mamas?

a) Las mamas generalmente son dos, y simétricas.
b) Las mamas son glándulas de secreción mixta.
c) Se encuentran situadas en la parte media del tórax a ambos lados del esternón situada entre el pectoral mayor y el serrato mayor.
d) Se las consideras el depósito mayor de grasa del organismo.

2. ¿Entre qué músculos se encuentran las mamas?

a) Entre el pectoral menor y el pectoral mayor.
b) Entre el pectoral menor y los subclavios.
c) Entre el pectoral mayor y el serrato mayor.
d) Entre el pectoral mayor y los adductores medianos.

3. ¿Dónde se localizan las glándulas de Montgomery?

a) En la parte inferior de la mama.
b) En la base de la mama.
c) En la areola de la mama.
d) En los conductos galactóforos.

4. ¿Qué afirmación es cierta de la estructura interna de la mama?

a) Esencialmente las mamas está compuesta exclusivamente por tejido glandular adiposo.
b) El tejido graso aparece por su menor densidad en mamografía menos brillante (más oscuro).
c) Quien da forma exclusivamente a las mamas son los ligamentos de Cooper.
d) El tejido adiposo se encuentra alrededor de toda la mama, debajo de la piel y formando el espacio retromamario por detrás justo del músculo pectoral mayor.

5. Indica qué estructura anatómica de la mama es la marcada con una X.

a) Pezón.
b) Areola.
c) Conductos galactóforos.
d) Acinos mamarios.

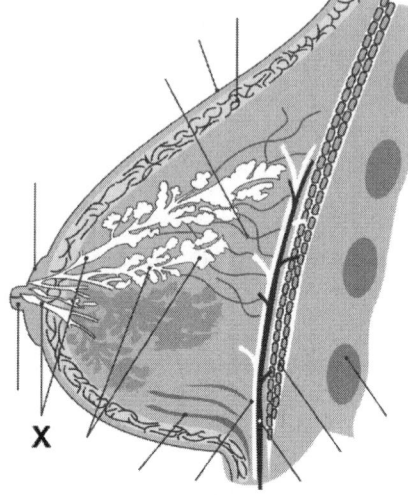

Imagen pregunta 5

6. ¿Qué otro nombre recibe la arteria mamaria externa?

a) Arteria torácica inferior.
b) Arteria torácica lateral.
c) Arteria torácica superior.
d) Arteria torácica media.

7. ¿Qué estructura anatómica es la marcada con una X en esta mamografía?

a) Tejido fibroglandular (tejido mamario).
b) Tejido adiposo o graso.
c) Piel de la mama.
d) Vasos sanguíneos.

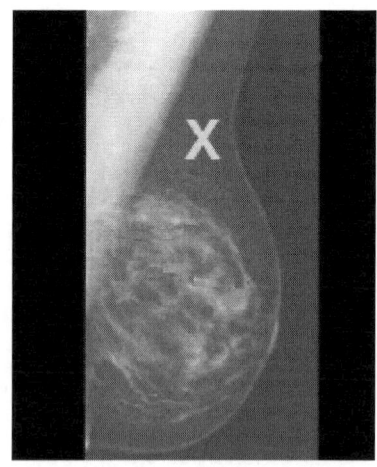

Imagen pregunta 7

8. ¿Qué estructura anatómica es la marcada con una X en esta mamografía?

a) Piel de la mama.
b) Pectoral mayor.
c) Tejido fibroglandular (tejido mamario).
d) Tejido adiposo o graso.

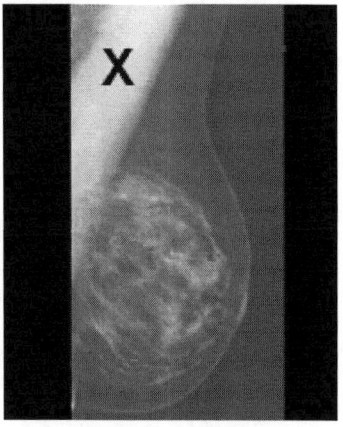

Imagen pregunta 8

9. ¿Qué estructura anatómica es la marcada con una X en esta mamografía?

a) Ganglio.
b) Vena.
c) Tejido fibroglandular (tejido mamario).
d) Ligamento de Cooper.

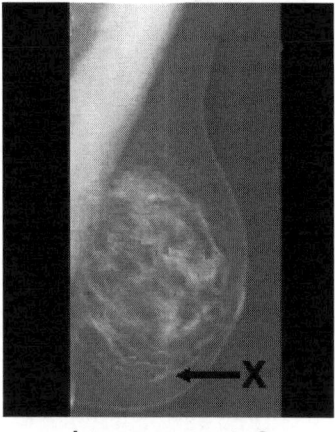

Imagen pregunta 9

10. ¿Cómo se llama la secreción mamaria que presentan algunos recién nacidos?

a) Mala leche.
b) Leche de brujas.
c) Leche del recién nacido.
d) Son correctas la a) y la c).

11. ¿Cada cuánto tiempo y en qué momento una mujer desde los 18 años debe hacerse una autoexploración de mama?

a) Cada mes, y una semana después del inicio de la menstruación.
b) Cada mes, y una semana antes del inicio de la menstruación.

c) Cada trimestre, y una semana después del inicio de la menstruación.

d) Cada trimestre, y una semana antes del inicio de la menstruación.

12. A partir de los 50 años las mamografías deben hacerse:

a) Semestralmente.

b) Anual o bianualmente.

c) Bianualmente, o cuando quiera el médico si es de alto riesgo.

d) Anualmente, o cuando quiera el médico si es de alto riesgo.

En MADTEST tienes **más preguntas de este tema, comentadas y argumentadas**, y todos tus avances quedan registrados y se reflejan en el ranking.

¡Supera tus límites con MADTEST!

A continuación te presentamos algunos ejemplos de preguntas comentadas:

13. ¿Qué ánodo es el más utilizado en los tubos de rayo de los mamógrafos?

a) Torio.

b) Tecnecio.

c) Wolframio.

d) Molibdeno.

Respuesta Correcta: d) Molibdeno.

El tubo del mamógrafo posee un ánodo construido en wolframio, molibdeno o torio, siendo el más utilizado el ánodo de *molibdeno* que emite fotones de baja energía aproximadamente 20 keV.

14. ¿Qué tipo de rejillas se utilizan en mamografía y qué relación poseen?

a) Móviles, y de una relación 6:1 o 7:1 enfocadas a la DFI.

b) Móviles, y de una relación 4:1 o 5:1 enfocadas a la DFI.

c) Fijas, y de una relación 6:1 o 7:1 enfocadas a la DFI.

d) Fijas, y de una relación 4:1 o 5:1 enfocadas a la DFI.

Respuesta Correcta: b) Móviles, y de una relación 4:1 o 5:1 enfocadas a la DFI.

Los tipos de rejillas utilizados en mamografía son de láminas *móviles y de una relación 4:1 o 5:1 enfocadas a la DFI*. Actualmente algunos manómetros utilizan unas rejillas especiales para mamografías cuyas láminas están entrecruzadas, y se denominan rejillas celulares de alta transmisión.

15. ¿Cuál es el motivo del empleo de rejillas en la mamografía?

a) Se debe al empleo de bajo kV en la técnica.
b) Se debe al empleo del escaso mAs.
c) Se debe a la mejora de contraste, aunque se aumente la dosis a la paciente.
d) Se debe a la mejora de contraste, minimizando la dosis a la paciente.

Respuesta Correcta: c) Se debe a la mejora de contraste, aunque se aumente la dosis a la paciente.

Debido al bajo kV utilizado en mamografía, el uso de la rejilla no sería necesario, pero se usa porque *mejora* considerablemente *el* contraste, aunque su empleo suponga un *aumento en la dosis* de radiación; no obstante este aumento es aceptable para la paciente.

Solución al test n.º 30

1. b) Las mamas son glándulas de secreción mixta.

2. c) Entre el pectoral mayor y el serrato mayor.

3. c) En la areola de la mama.

4. b) El tejido graso aparece por su menor densidad en mamografía menos brillante (más oscuro).

5. c) Conductos galactóforos.

6. a) Arteria torácica inferior.

7. b) Tejido adiposo o graso.

8. b) Pectoral mayor.

9. d) Ligamento de Cooper.

10. b) Leche de brujas.

11. a) Cada mes, y una semana después del inicio de la menstruación.

12. d) Anualmente, o cuando quiera el médico si es de alto riesgo.

13. d) Molibdeno.

14. b) Móviles, y de una relación 4:1 o 5:1 enfocadas a la DFI.

15. c) Se debe a la mejora de contraste, aunque se aumente la dosis a la paciente.

Radiología del sistema biliar. Colecistografía oral. Colangiografía intravenosa. Factores de exposición: quilovoltaje, miliamperaje y tiempo de exposición

1. ¿Cuál es la función principal del conducto cístico dentro del sistema biliar?

a) Conducir la bilis directamente desde el hígado al duodeno.
b) Comunicar la vesícula biliar con el conducto colédoco para el paso de bilis.
c) Almacenar la bilis producida por el hígado.
d) Secretar enzimas digestivas hacia el intestino delgado.

2. ¿Qué arteria del tramo digestivo nace en el triángulo de Calot?

a) Hepática derecha.
b) Esplénica.
c) Hepática izquierda.
d) Pancreática.

3. En ocasiones, la vesícula puede estar unida al hígado por un mesenterio largo que se denomina:

a) Vesícula biliar flotante.
b) Vesícula fija.
c) Vesícula contraída.
d) Vesícula biliar superior.

4. ¿Por qué el páncreas es una glándula mixta? Es mixta porque segrega...

a) Hormonas.
b) Bilis.
c) Jugo pancreático y bilis.
d) Hormonas y jugo pancreático.

5. ¿A qué tipo de estudio radiográfico hace referencia una colangiografía? Hace referencia a estudios radiológicos de...

a) Vesícula biliar con contraste.
b) Vesícula biliar sin contraste.
c) Conductos biliares (vías biliares extrahepáticas) con contraste.
d) Vías biliares intrahepáticas con contraste.

6. ¿Qué proyección es la más utilizada para el estudio de la vesícula biliar (colecistografía)?

a) Posteroanterior.
b) Decúbito lateral derecho y bipedestación.
c) Oblicuas anterior izquierda en decúbito.
d) Todas son correctas.

7. ¿Cuál de estas circunstancias contraindica una colecistografía?

a) Existencia de cálculos en la vesícula (colelitiasis).
b) Síndrome de mala absorción.
c) Estenosis o estrechamiento de las vías biliares.
d) Inflamación aguda de la vesícula biliar (colecistitis).

8. ¿Cómo se llama el estudio radiológico de las vías biliares con introducción de un medio de contraste yodado por vía intravenosa?

a) Colangiografía intravenosa.
b) Colangiografía oral.
c) Colelitiasis.
d) Colédocoscopia.

9. ¿Cuánto tiempo aproximadamente se tarda en obtener imágenes del colédoco en la colangiografía intravenosa desde la inyección del contraste? A los...

a) 5 minutos.
b) 10 minutos.
c) 30 minutos.
d) 60 minutos.

10. ¿Qué requisito de estos debe cumplirse para obtener colecistografías de buena calidad técnica?

a) El área de exploración debe estar colimada de manera ancha.
b) El intensificador debe estar limpio y sin defectos.

c) El foco del tubo de rayos X debe ser grande.

d) Todas son correctas.

11. ¿Cómo se denomina el procedimiento combinado con rayos X y endoscopio, que permitirá al médico diagnosticar los problemas de la vesícula biliar y conductos biliares, y del páncreas?

a) Colangiopancreatografía endoscópica anterógrada.

b) Endoscopia.

c) Colangio endoscópica.

d) Colangiopancreatografía retrógrada endoscópica.

12. ¿Por dónde se introduce el contraste en la colangiopancreatografía retrógrada endoscópica? Se introduce...

a) Vía oral.

b) Intravenosa.

c) Por la ampolla de Vater.

d) Nada de lo anterior es cierto.

En MADTEST tienes **más preguntas de este tema, comentadas y argumentadas**, y todos tus avances quedan registrados y se reflejan en el ranking.

¡Supera tus límites con MADTEST!

A continuación te presentamos algunos ejemplos de preguntas comentadas:

13. La exploración ecográfica permite la visualización de la vesícula biliar en el:

a) 100 % de los casos.

b) 80 % de los casos.

c) 75 % de los casos.

d) 95 % de los casos.

Respuesta Correcta: d) 95 % de los casos.

La ecografía abdominal permite visualizar la vesícula biliar en la mayoría de pacientes, alcanzando una tasa de visualización del 95%, lo que la convierte en una técnica de alta sensibilidad para su estudio.

14. En ecografía, en el interior de la vesícula se puede ver un material ecogénico denominado:

a) Barro biliar.
b) Cálculo biliar.
c) Apéndice biliar.
d) Todas son incorrectas.

Respuesta Correcta: a) Barro biliar.

El barro biliar es una suspensión de cristales de colesterol, bilirrubinato cálcico y moco, que aparece como material ecogénico móvil en la ecografía. Puede ser precursor de la formación de cálculos biliares.

15. ¿Qué función realiza la vesícula biliar antes de liberar la bilis al duodeno?

a) Secretar enzimas digestivas.
b) Concentrar y almacenar la bilis.
c) Producir sales biliares.
d) Filtrar la sangre.

Respuesta Correcta: b) Concentrar y almacenar la bilis.

La vesícula biliar recibe bilis del hígado a través del conducto cístico, la concentra eliminando agua y sales, y la almacena hasta que es liberada al duodeno durante la digestión.

Solución al test n.º 31

1. b) Comunicar la vesícula biliar con el conducto colédoco para el paso de bilis.

2. a) Hepática derecha.

3. a) Vesícula biliar flotante.

4. d) Hormonas y jugo pancreático.

5. c) Conductos biliares (vías biliares extrahepáticas) con contraste.

6. c) Oblicuas anterior izquierda en decúbito.

7. b) Síndrome de mala absorción.

8. a) Colangiografía intravenosa.

9. c) 30 minutos.

10. b) El intensificador debe estar limpio y sin defectos.

11. d) Colangiopancreatografía retrógrada endoscópica.

12. c) Por la ampolla de Vater.

13. d) 95 % de los casos.

14. a) Barro biliar.

15. b) Concentrar y almacenar la bilis.

TEST N.º 32

Anatomía radiológica y técnicas de exploración del tracto digestivo superior e inferior. Factores de exposición: quilovoltaje, miliamperaje y tiempo de exposición

1. ¿Qué órganos pertenecen al tracto digestivo inferior?

a) Boca, orofaringe, esófago y estómago.
b) Orofaringe, esófago, estómago e duodeno.
c) Esófago, estómago e intestino delgado.
d) Intestino delgado e intestino grueso.

2. ¿Cuál es la pared más interna o profunda del tracto digestivo superior?

a) Muscular.
b) Mucosa.
c) Submucosa.
d) Serosa.

3. ¿Cuál es la membrana de sostén generalmente de los órganos intraabdominales del tracto digestivo superior?

a) Tejido conjuntivo.
b) Mesenterio.
c) Peritoneo.
d) Epiplón.

4. ¿Qué papilas linguales forman la V lingual?

a) Fungiformes.
b) Foliadas.
c) Filiformes.
d) Caliciformes.

5. ¿Qué afirmación es incorrecta de la faringe?

a) Es una encrucijada anatómica entre aparato respiratorio y aparato digestivo.
b) Es una cavidad por encima de la laringe y del esófago.
c) Posee tejido linfoide o amígdalas.
d) La nasofaringe se comunica anteriormente con la boca.

6. ¿Con qué estructura se relaciona la faringe en sentido caudal y anterior?

a) Esófago.
b) Laringe.
c) Trompas de Eustaquio.
d) Coanas.

7. ¿Qué afirmación del esófago es incorrecta?

a) Mide 15 cm en adulto.
b) Va de la faringe al estómago.
c) Posee un epitelio mucoso plano estratificado no queratinizado.
d) La pared muscular del esófago produce peristaltismo.

8. ¿Por dónde se realiza la entrada del tubo digestivo al estómago? Se realiza por el...

a) Píloro.
b) Cardias.
c) Fórnix.
d) Fundus.

9. Los músculos encargados de proteger las dos aberturas del tubo digestivo en tracto superior son:

a) Músculos opresores.
b) Músculos opresores lisos.
c) Músculos opresores rugosos.
d) Músculos esfinterianos.

10. ¿Cómo se denomina la depresión que se produce por la unión del antro pilórico y el cuerpo gástrico en la curvatura menor?

a) Cardias.
b) Incisura angular.
c) Incisura cardíaca.
d) Incisura fúndica.

11. ¿Qué zona anatómica en este esofagograma en distintas fases es la marcada con una flecha?

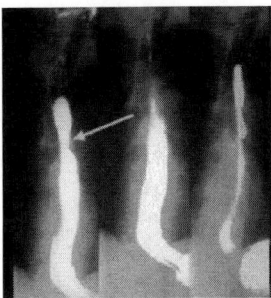

a) Impronta del cayado aórtico.
b) Diafragma.
c) Hiato esofágico.
d) Estómago.

Radiografía pregunta 11

12. ¿Quiénes conforman la línea ácigo-esofágica observable al efectuar una radiografía simple de tórax en AP?

a) La pared del lado derecho del esófago y las arterias ácigos.
b) La pared del lado izquierdo del esófago y las arterias ácigos.
c) La pared del lado derecho del esófago y las venas ácigos.
d) La pared del lado izquierdo del esófago y las venas ácigos.

En MADTEST tienes **más preguntas de este tema, comentadas y argumentadas**, y todos tus avances quedan registrados y se reflejan en el ranking.

¡Supera tus límites con MADTEST!

A continuación te presentamos algunos ejemplos de preguntas comentadas:

13. ¿Qué zona anatómica en este estudio gastroduodenal es la marcada con una X?

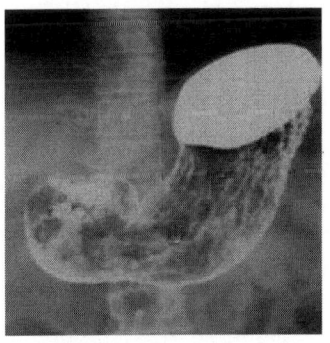

a) Antro.
b) Bulbo duodenal.
c) Cuerpo del estómago.
d) Fundus.

Radiografía pregunta 13

Respuesta Correcta: c) Cuerpo del estómago.

La zona anatómica marcada con una X en este estudio seriado esófago-gastroduodenal es la porción media del estómago en sentido proximodistal, se corresponde con el cuerpo del estómago. Visualizable en un estudio un de doble contraste (bario y gas), al igual que otras estructuras del estómago.

14. ¿Qué tipo de estudios se efectúan para visualizar el duodeno y en que modalidad de posición?

a) Estudios baritados simple y en posición oblicua anterior.
b) Estudios de doble contraste y en posición oblicua anterior.
c) Estudios baritados simple y en posición oblicua posterior.
d) Estudios de doble contraste y en posición posteroanterior.

Respuesta Correcta: b) Estudios de doble contraste y en posición oblicua anterior.

Para poder visualizar el duodeno se realiza normalmente con estudios de doble contraste y en posición oblicua anterior, puesto que si realizamos el estudio en posición anteroposterior su imagen quedaría acortada.

15. ¿Qué zona anatómica en este estudio gastroduodenal es la marcada con una X?

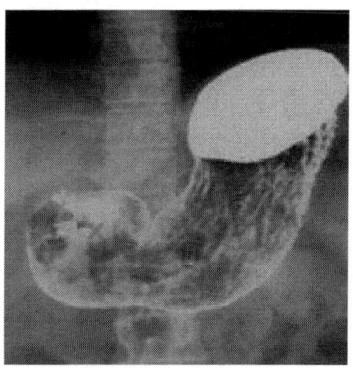

a) Antro.
b) Bulbo duodenal.
c) Curvatura menor.
d) Fundus.

Radiografía pregunta 15

Respuesta Correcta: a) Antro.

La zona anatómica marcada con una X en este estudio seriado esófago-gastroduodenal esta al final del estómago en sentido proximodistal (de boca a ano), correspondiéndose con el antro pilórico. Visualizable en un estudio un de doble contraste (bario y gas), al igual que otras estructuras del estómago.

Solución al test n.º 32

1. d) Intestino delgado e intestino grueso.

2. b) Mucosa.

3. c) Peritoneo.

4. d) Caliciformes.

5. d) La nasofaringe se comunica anteriormente con la boca.

6. b) Laringe.

7. a) Mide 15 cm en adulto.

8. b) Cardias.

9. d) Músculos esfinterianos.

10. b) Incisura angular.

11. a) Impronta del cayado aórtico.

12. c) La pared del lado derecho del esófago y las venas ácigos.

13. c) Cuerpo del estómago.

14. b) Estudios de doble contraste y en posición oblicua anterior.

15. a) Antro.

Arteriografía, flebografía y angiografía digital: técnicas de exploración radiológica. Factores de exposición: quilovoltaje, miliamperaje y tiempo de exposición

1. ¿Para qué se emplea sustancialmente una angiografía?

a) Para identificar la anatomía de los vasos que se están estudiando.
b) Para identificar los procesos patológicos de los vasos que se están estudiando.
c) Para identificar la anatomía de los vasos que se están estudiando, así como los procesos patológicos que sufren los mismos.
d) Nada de lo anterior es cierto.

2. ¿Cómo podrían considerarse la angiografía convencional y la angiografía digital?

a) Técnicas semiinvasivas.
b) Técnicas no invasivas.
c) Técnicas invasivas.
d) Todas las respuestas pueden ser ciertas.

3. ¿Qué técnica de imagen, de estas, de tipo angiográfico, no es invasiva?

a) Angiografía digital.
b) Angiografía convencional.
c) AngioTC.
d) Angiografía ecográfica.

4. ¿Qué nombre recibe la técnica que se aplica normalmente en angiografía intervencionista (cateterismo)?

a) Técnica de Trigger.
b) Técnica de Watson.
c) Técnica de Seldinger.
d) Técnica de Lever.

5. ¿Cuál de estos no es un material utilizado para acceder a las estructuras vasculares en angiografía convencional?

a) Catéter.
b) Guía.
c) Aguja.
d) Almohadilla.

6. ¿Cuál es el material utilizado para realizar la punción percutánea en la técnica de Seldinger?

a) Catéter.
b) Guía.
c) Aguja.
d) Sonda.

7. ¿Qué calibre presentan las agujas empleadas en angiografías para accesos arteriales (en G)?

a) 14 y 16 G.
b) 16 y 18 G.
c) 18 y 20 G.
d) 18 y 26 G.

8. ¿Qué calibre presentan las agujas empleadas en angiografías para accesos venosos (en G)?

a) 14 y 16 G.
b) 16 y 18 G.
c) 18 y 20 G.
d) 18 y 26 G.

9. ¿Qué nombre reciben los delgados alambres de acero inoxidable que se utilizan para ayudar a la inserción del catéter en el vaso a estudiar y también posibilitar su cambio?

a) Agujas.
b) Guías.
c) Catéteres.
d) Cánulas.

10. ¿Cuál suele ser normalmente la longitud de las guías?

a) 115 cm.
b) 125 cm.
c) 135 cm.
d) 145 cm.

11. ¿Qué calibre en French (F) poseen los catéteres?

a) Entre 1 F y 3 F.
b) Entre 2 F y 6 F.
c) Entre 4 F y 7 F.
d) Entre 8 F y 10 F.

12. ¿A dónde van los catéteres "drum"?

a) Directamente a una vena central (vena cava superior).
b) A una vena periférica, y mediante una cánula hasta la vena central (vena cava superior).
c) Pueden ser correctas a) y b).
d) Son incorrectas todas.

En MADTEST tienes **más preguntas de este tema, comentadas y argumentadas**, y todos tus avances quedan registrados y se reflejan en el ranking.

¡Supera tus límites con MADTEST!

A continuación te presentamos algunos ejemplos de preguntas comentadas:

13. ¿Qué son los "drum"?

a) Son catéteres largos.
b) Son catéteres medianos.
c) Son catéteres cortos.
d) Pueden ser todos los anteriores (de distintas longitudes).

Respuesta Correcta: a) Son catéteres largos.

Los catéteres drum son vías centrales de inserción periférica, y son *largos*. Existen otras variantes de catéteres centrales. La mayor ventaja respecto a los catéteres periféricos estriba en que poseen un uso mayor de duración y que mediante estos se pueden introducir soluciones de elevada osmolaridad.

14. ¿Qué tipo de medios de contraste se emplean en la mayoría de estudios angiográficos?

a) De bario.
b) Yodados orgánicos.

c) Yodados inorgánicos.
d) De galio.

Respuesta Correcta: b) Yodados orgánicos.

En los estudios angiográficos se usa una amplia variedad de medios de contraste positivos, concretamente *contrastes yodados*. Se trata de soluciones de compuestos *orgánicos,* que pueden ser monómeros iónicos, monómeros no iónicos o dímeros no iónicos, y se encuentran disponibles con una amplia variedad de concentraciones de yodo.

15. ¿Por dónde se suele realizar, siempre que sea posible, la cateterización directa de los cuatro vasos principales (2 carótidas y 2 vertebrales)?

a) A través del tronco basilar.
b) A través la axilar.
c) A través la femoral.
d) Se efectúa directa en cava.

Respuesta Correcta: c) A través la femoral.

La cateterización directa de los cuatro vasos principales (2 carótidas y 2 vertebrales) se efectúa habitualmente a través de la *femoral*, pero cuando no es posible se hace a través de la axilar.

Solución al test n.º 33

1. c) Para identificar la anatomía de los vasos que se están estudiando, así como los procesos patológicos que sufren los mismos.

2. c) Técnicas invasivas.

3. d) Angiografía ecográfica.

4. c) Técnica de Seldinger.

5. d) Almohadilla.

6. c) Aguja.

7. b) 16 y 18 G.

8. d) 18 y 26 G.

9. b) Guías.

10. d) 145 cm.

11. c) Entre 4 F y 7 F.

12. b) A una vena periférica, y mediante una cánula hasta la vena central (vena cava superior).

13. a) Son catéteres largos.

14. b) Yodados orgánicos.

15. c) A través la femoral.

TEST N.º 34

Angiografía cerebral. Técnica radiológica. Sus contraindicaciones

1. ¿Cuáles son las células de sostén en el sistema nervioso central (SNC)?

a) Las células de Schwann.
b) Las neuroglías.
c) Los fibrocitos nerviosos.
d) Las neuronas.

2. ¿Qué estructuras anatómicas constituyen el SNC?

a) Cerebro y cerebelo.
b) Cerebro, cerebelo y tronco del encéfalo.
c) Tronco del encéfalo y médula espinal.
d) Encéfalo y médula espinal.

3. ¿Qué meninge es la que está adherida al parénquima nervioso?

a) Duramadre.
b) Piamadre.
c) Todamadre.
d) Aracnoides.

4. ¿Qué afirmación respecto al SNC es correcta?

a) El tercer ventrículo se localiza en el rombencéfalo.
b) Los nervios que provienen de los hemisferios cerebrales se entrecruzan en el bulbo raquídeo.
c) La protuberancia se dispone por detrás del cerebelo.
d) La coordinación de los movimientos y el mantenimiento del equilibrio se llevan a cabo en el diencéfalo.

5. ¿Qué afirmación respecto al SNC es incorrecta?

a) El mesencéfalo conecta el puente troncoencefálico y el cerebelo con el diencéfalo.
b) El tálamo es una estación de relevo o centro intermedio de las vías sensitivas.
c) Los tubérculos cuadrigéminos se localizan en la parte posterior del mesencéfalo.
d) Los cuerpos geniculados son considerados partes del hipotálamo.

6. Con relación al encéfalo anterior, señala la respuesta verdadera:

a) El *hipotálamo* se localiza encima del tálamo.
b) El subtálamo incluye la epífisis o glándula pineal.
c) Los hemisferios cerebrales se componen de sustancia blanca a nivel cortical.
d) Todas son falsas.

7. ¿Qué afirmación respecto al SNC es incorrecta?

a) El lóbulo parietal se sitúa entre la cisura de Rolando y la parieto-occipital.
b) La sustancia gris solo está constituida por cuerpos neuronales.
c) Las áreas de Brodmann se localizan en la corteza cerebral.
d) Los lóbulos cerebrales están delimitados por las cisuras.

8. ¿Qué afirmación respecto al SNC es correcta?

a) Las últimas raíces raquídeas forman la cola de caballo.
b) En la médula espinal la sustancia gris se sitúa en el interior.
c) La médula espinal no está envuelta por las meninges.
d) Son correctas a) y b).

9. Todo lo expuesto respecto al SNC es cierto, excepto que:

a) Las fibras nerviosas son los axones y dendritas de las neuronas.
b) Los nervios periféricos están constituidos por fibras nerviosas rodeadas de tejido de sostén.
c) La médula espinal controla las actividades reflejas.
d) Los ganglios son agrupaciones de cuerpos neuronales de las fibras sensitivas de los nervios.

10. Con relación al sistema nervioso periférico, indica cuál de las siguientes afirmaciones es cierta:

a) El sistema nervioso periférico está constituido solo por el conjunto de nervios que emergen de la médula espinal.
b) Las funciones viscerales que tienen lugar automáticamente están reguladas por el sistema nervioso vegetativo.
c) Los nervios están constituidos por haces de fibras nerviosas envueltos por endoneuro.
d) La raíz anterior de los nervios raquídeos está constituida solo por fibras motoras.

11. Teniendo en cuenta el lugar de la sección de este corte axial de cráneo, ¿qué estructura del SNC es la indicada con esta X en este TC?

a) Ventrículo lateral.
b) Glándula pineal.
c) Cuerpo calloso.
d) Seno sagital.

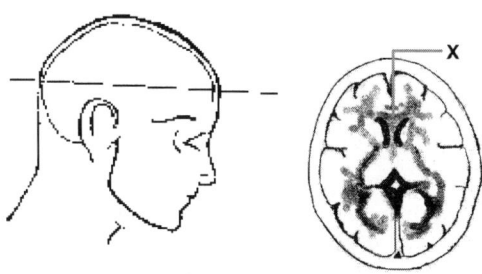

Imagen pregunta 11

12. Teniendo en cuenta el lugar de la sección de este corte axial de cráneo, ¿qué estructura del SNC es la indicada con esta Y en este TC?

a) Seno frontal.
b) Seno esfenoidal.
c) Cuerpo calloso.
d) Seno temporal.

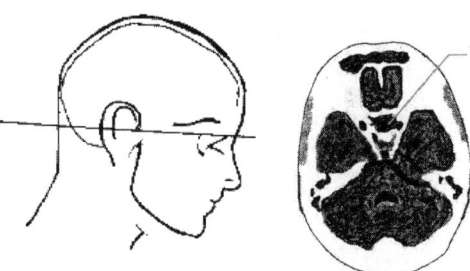

Imagen pregunta 12

En MADTEST tienes **más preguntas de este tema, comentadas y argumentadas**, y todos tus avances quedan registrados y se reflejan en el ranking.

¡Supera tus límites con MADTEST!

A continuación te presentamos algunos ejemplos de preguntas comentadas:

13. Por lo general, la TC craneal se puede realizar con una angulación del tubo de:

a) 30º respecto a la línea infraorbitaria.
b) 45º respecto a la línea interpupilar.
c) 15º-20º respecto a la línea orbitomeatal.
d) No lleva angulación, se dirige directamente a la glabela.

Respuesta Correcta: c) 15°-20° respecto a la línea orbitomeatal.

La TC de cráneo se realiza con el tubo en ángulo caudal de aproximadamente *15°-20° respecto a la línea orbitomeatal* (LOM), y produce una imagen desde la parte superior del cuello hasta la punta de la cabeza, e incluye: cráneo, cerebelo, órbitas oculares y senos paranasales. El barrido cerebral para TC craneal requiere aproximadamente 9-12 cortes axiales de 1 cm.

14. ¿Qué avances en imagen médica ha conseguido la posibilidad de visualizar el cerebro del recién nacido a través de la fontanela abierta, la ausencia de radiación y la facilidad de manejo del método, que permite la exploración del lactante en su propia unidad de cuidados intensivos o incluso en el propio quirófano?

a) Ecografía.
b) Termografía.
c) Angiografía.
d) Ninguna de las anteriores.

Respuesta Correcta: a) Ecografía.

La aparición de los ultrasonidos (*ecografía*) ha beneficiado de manera importante el diagnóstico de las alteraciones cerebrales del recién nacido; ha hecho posible la visualización del cerebro del recién nacido a través de la fontanela abierta.

15. Con respecto al círculo o polígono de Willis, señala la respuesta falsa:

a) Se encuentra alrededor del quiasma óptico.
b) Está formado por la anastomosis de las arterias cerebrales anteriores, medias y posteriores y completado por las arterias comunicantes.
c) La arteria comunicante posterior se origina en la carótida interna.
d) Es un sistema que asegura la perfusión del sistema nervioso central.

Respuesta Correcta: b) Está formado por la anastomosis de las arterias cerebrales anteriores, medias y posteriores y completado por las arterias comunicantes.

La respuesta que es falsa es: el polígono de Willis *está formado por la anastomosis de las arterias cerebrales anteriores, medias y posteriores y completado por las arterias comunicantes*. Es una anastomosis heptagonal de las arterias cerebrales principales. Todas las demás respuestas son ciertas.

Solución al test n.º 34

1. b) Las neuroglías.

2. d) Encéfalo y médula espinal.

3. b) Piamadre.

4. b) Los nervios que provienen de los hemisferios cerebrales se entrecruzan en el bulbo raquídeo.

5. d) Los cuerpos geniculados son considerados partes del hipotálamo.

6. d) Todas son falsas.

7. b) La sustancia gris solo está constituida por cuerpos neuronales.

8. d) Son correctas a) y b).

9. a) Las fibras nerviosas son los axones y dendritas de las neuronas.

10. b) Las funciones viscerales que tienen lugar automáticamente están reguladas por el sistema nervioso vegetativo.

11. c) Cuerpo calloso.

12. b) Seno esfenoidal.

13. c) 15º-20º respecto a la línea orbitomeatal.

14. a) Ecografía.

15. b) Está formado por la anastomosis de las arterias cerebrales anteriores, medias y posteriores y completado por las arterias comunicantes.

TEST N.º 35

Radiología pediátrica. Estudio del prematuro y del lactante. Cuidados y consideracione sespeciales. Factores de exposición: quilovoltaje, miliamperaje y tiempo de exposición

1. ¿Cuánto mayor es el riesgo potencial de presentar complicaciones tardías por la radiación diagnóstica en niños en relación a los adultos?

a) De 2 a 4 veces.
b) De 4 a 6 veces.
c) De 6 a 8 veces.
d) De 8 a 10 veces.

2. En pacientes pediátricos suele ser adecuado un valor nominal del foco comprendido entre:

a) 0,1 y 0,5.
b) 0,6 y 1,3.
c) 1,1 y 1,5.
d) 1,5 y 2,3.

3. ¿En qué circunstancias especialmente la dosis total de radiación debe mantenerse baja en pacientes pediátricos?

a) Cuando se emplean sistemas hoja de refuerzo-película de poca sensibilidad.
b) Cuando se emplean técnicas de intensificación de imágenes.
c) Son correctas a) y b).
d) Son incorrectas a) y b).

4. ¿Qué materiales se utilizarán preferiblemente en rejillas antidifusoras en exámenes radiográficos en la infancia?

a) Wolframio.
b) Fibras de carbono.
c) Cobre.
d) Aluminio.

5. ¿Cuál debe ser la distancia habitual foco-película (DFP), cuando se emplean para el examen los chasis verticales en la infancia?

a) 80 cm.
b) 100 cm.
c) 115 cm.
d) 150 cm.

6. ¿En qué margen de tolerancia (en %), deben estar los generadores con una calibración adecuada y estable, para poder usarse en pacientes pediátricos? Dentro de un margen de tolerancia máximo de alrededor del:

a) 10 %.
b) 20 %.
c) 30 %.
d) 40 %.

7. Los CAE diseñados especialmente para pacientes pediátricos tienen:

a) Un pequeño detector móvil para su uso tras un chasis sin plomo.
b) Un gran detector móvil para su uso tras un chasis sin plomo.
c) Un pequeño detector móvil para su uso tras un chasis con plomo.
d) Un gran detector móvil para su uso tras un chasis con plomo.

8. ¿Qué se debe hacer para evitar en niños tasas de dosis excesivas durante las exploraciones radioscópicas cuando haya zonas relativamente grandes de material de contraste positivo?

a) Se deberá aumentar el kV pico.
b) Se deberá aumentar el tiempo de exposición y la corriente del tubo.
c) Deberá desconectarse el control automático del brillo.
d) No se deberá aumentar el kV pico.

9. ¿Cómo se consiguen tiempos de exposición cortos?

a) Se consiguen con generadores y tubos potentes.
b) Se consiguen con una rectificación óptima y tubos potentes.
c) Se consiguen con interruptores cronométricos exactos y una rectificación óptima.
d) Se consiguen con generadores y tubos potentes, una rectificación óptima e interruptores cronométricos exactos.

10. ¿Qué valores debe tener la densidad óptica de las zonas de la placa que son importantes para el diagnóstico?

a) Entre 0,5 y 1.
b) Entre 0,1 y 1,1.

c) Entre 0,5 y 2,2.
d) Entre 1,8 y 3,2.

11. ¿De qué no depende el oscurecimiento de la radiografía?

a) De la posición del paciente.
b) De la técnica radiográfica.
c) Del tamaño del paciente.
d) De la dosis de radiación.

12. ¿Qué criterios de calidad relativos a la imagen son adecuados en una proyección PA/AP de tórax tras el periodo neonatal?

a) La reproducción del tórax debe extenderse desde justo encima de los ápices pulmonares hasta D12/L1.
b) Reproducción del tórax sin rotación ni inclinación.
c) Son correctas a) y b).
d) Son incorrectas a) y b).

En MADTEST tienes **más preguntas de este tema, comentadas y argumentadas**, y todos tus avances quedan registrados y se reflejan en el ranking.

¡Supera tus límites con MADTEST!

A continuación te presentamos algunos ejemplos de preguntas comentadas:

13. ¿Qué clase de sensibilidad nominal presentará el sistema de hoja refuerzo-película en una proyección PA/AP de tórax después del periodo neonatal?

a) 50 - 150.
b) 150 - 350.
c) 400 - 800.
d) 700 - 900.

Respuesta Correcta: c) 400 - 800.

El sistema de hoja refuerzo-película en una proyección PA/AP de tórax después del periodo neonatal presentará una clase de sensibilidad de *400 a 800*, en neonatos será algo inferior (200 a 400).

14. ¿Qué debe valorarse en una proyección PA de tórax en niños mayores de un mes de vida (posneonatos)?

a) La visualización de tráquea.
b) La reproducción del tórax con ligera rotación.
c) La reproducción del tórax hasta L3 – L4.
d) La realización en espiración.

Respuesta Correcta: a) La visualización de tráquea.

Los criterios de calidad que deben valorarse en la imagen y son adecuados en una proyección PA de tórax en niños posneonatos son, entre otros: la *reproducción del tórax sin rotación ni inclinación* (no puede ser la opción b), realizarla en inspiración máxima (no puede ser la opción d), reproducción de los 2/3 internos de los pulmones, *de la tráquea* y de los bronquios proximales, y la reproducción del tórax debe extenderse desde justo encima de los ápices pulmonares hasta D12/L1 (no puede ser la opción c).

15. ¿Qué afirmación es incorrecta en una proyección lateral de tórax después del periodo neonatal?

a) Es una proyección habitual, como la PA de tórax.
b) Se realiza normalmente en bipedestación, pero puede hacerse también en decúbito supino.
c) La tráquea debe visualizarse desde los ápices pulmonares hasta los bronquios principales, inclusive.
d) Todo lo anterior es incorrecto.

Respuesta Correcta: a) Es una proyección habitual, como la PA de tórax.

La afirmación incorrecta es la que sea una proyección habitual, como la PA de tórax; ya que realmente *no debe hacerse habitualmente, sino solo cuando esté indicado tras evaluar la radiografía PA/AP*. Es cierto que se debe realizar en bipedestación (aunque también decúbito supino) y que la tráquea debe visualizarse desde los ápices pulmonares hasta los bronquios principales, inclusive.

Solución al test n.º 35

1. b) De 4 a 6 veces.

2. b) 0,6 y 1,3.

3. b) Cuando se emplean técnicas de intensificación de imágenes.

4. b) Fibras de carbono.

5. d) 150 cm.

6. a) 10 %.

7. a) Un pequeño detector móvil para su uso tras un chasis sin plomo.

8. c) Deberá desconectarse el control automático del brillo.

9. d) Se consiguen con generadores y tubos potentes, una rectificación óptima e interruptores cronométricos exactos.

10. c) Entre 0,5 y 2,2.

11. a) De la posición del paciente.

12. c) Son correctas a) y b).

13. c) 400 - 800.

14. a) La visualización de tráquea.

15. a) Es una proyección habitual, como la PA de tórax.

Técnicas radiológicas usadas para el estudio cardíaco. Factores de exposición: quilovoltaje, miliamperaje y tiempo de exposición

1. ¿Cuál es una de las principales indicaciones clínicas del Angio-TC coronario?

a) Pacientes con riesgo intermedio-bajo de enfermedad coronaria para descartarla.
b) Pacientes con infarto agudo en evolución.
c) Personas con insuficiencia renal crónica.
d) Mujeres embarazadas.

2. ¿Qué rango de unidades Hounsfield se considera adecuado en arterias coronarias para un estudio diagnóstico?

a) 100-120 UH.
b) 300-350 UH.
c) 450-500 UH.
d) 50-80 UH.

3. ¿Qué acceso venoso es el más habitual en el Angio-TC coronario?

a) Vena yugular interna.
b) Vena antecubital izquierda.
c) Vena antecubital derecha.
d) Vena safena.

4. ¿Cuál es la frecuencia cardíaca ideal para obtener una buena calidad de imagen en un Angio-TC coronario?

a) 80-90 lpm.
b) 70-75 lpm.
c) Menor de 65 lpm.
d) Mayor de 90 lpm.

5. ¿Para qué se administra nitroglicerina antes del Angio-TC coronario?

a) Reducir la presión arterial sistólica.
b) Disminuir la frecuencia cardíaca.
c) Dilatar las arterias coronarias.
d) Prevenir arritmias.

6. ¿Cuál es la principal ventaja de la sincronización ECG prospectiva frente a la retrospectiva?

a) Menor dosis de radiación.
b) Permite analizar todo el ciclo cardíaco.
c) Adecuada en pacientes con arritmias.
d) Permite evaluar la sístole.

7. ¿Qué inconveniente presenta la sincronización ECG prospectiva?

a) Mayor dosis de radiación.
b) Imágenes con baja resolución.
c) Necesidad de ritmo cardíaco regular y frecuencia baja.
d) No permite cuantificar calcio coronario.

8. ¿Qué volumen de contraste se emplea habitualmente en un protocolo pre-TAVI?

a) 50 ml.
b) 80 ml.
c) 100 ml.
d) 120 ml.

9. ¿Qué grosor de corte se utiliza en la cuantificación de calcio coronario?

a) 3 mm.
b) 1 mm.
c) 0,6 mm.
d) 5 mm.

10. ¿Qué método se utiliza para iniciar la adquisición en el momento óptimo de llegada del contraste?

a) Test bolus.
b) Bolus tracking.
c) Sincronización manual.
d) ECG gating.

11. ¿En qué modalidad de sincronización se adquieren imágenes durante todo el ciclo cardíaco?

a) Prospectiva.
b) Retrospectiva.
c) Gating manual.
d) Secuencial simple.

12. ¿Qué protocolo requiere un ROI en la aorta ascendente y 70 ml de contraste?

a) Pre-TAVI.
b) Cuantificación de calcio.
c) Coronarias.
d) Aórtico general.

En MADTEST tienes **más preguntas de este tema, comentadas y argumentadas**, y todos tus avances quedan registrados y se reflejan en el ranking.

¡Supera tus límites con MADTEST!

A continuación te presentamos algunos ejemplos de preguntas comentadas:

13. ¿Qué valor de Score de calcio suele desaconsejar un estudio coronario con contraste?

a) >300 unidades Agatston.
b) >500 unidades Agatston.
c) >800-1000 unidades Agatston.
d) >1200 unidades Agatston.

Respuesta Correcta: c) >800-1000 unidades Agatston.

Altos niveles de calcio dificultan la interpretación de la luz coronaria, por lo que se puede evitar la adquisición con contraste.

14. ¿En qué fase del ciclo cardíaco hay menos movimiento coronario?

a) Diástole.
b) Sístole.
c) Pre-sístole.
d) Post-diástole.

Respuesta Correcta: a) Diástole.

Durante la diástole, las arterias coronarias presentan menos movimiento, lo que reduce artefactos y mejora la nitidez de la imagen.

15. ¿Qué grosor de corte se recomienda en el protocolo coronarias para alta resolución?

a) 3 mm.
b) 1 mm.
c) 0,6-0,8 mm.
d) 5 mm.

Respuesta Correcta: c) 0,6-0,8 mm.

Este grosor de corte proporciona la alta resolución espacial necesaria para evaluar la anatomía coronaria con precisión.

Solución al test n.º 36

1. a) Pacientes con riesgo intermedio-bajo de enfermedad coronaria para descartarla.

2. b) 300-350 UH.

3. c) Vena antecubital derecha.

4. c) Menor de 65 lpm.

5. c) Dilatar las arterias coronarias.

6. a) Menor dosis de radiación.

7. c) Necesidad de ritmo cardíaco regular y frecuencia baja.

8. d) 120 ml.

9. a) 3 mm.

10. b) Bolus tracking.

11. b) Retrospectiva.

12. c) Coronarias.

13. c) >800-1000 unidades Agatston.

14. a) Diástole.

15. c) 0,6-0,8 mm.

TEST N.º 37

Exploraciones radiológicas especiales: Histerosalpingografia, dacriocistografía, sialografía, fistulografía

1. ¿Por dónde se introduce el contraste en una histerosalpingografía?

a) Se introduce oralmente.
b) Se introduce a través del conducto cervical.
c) Se introduce intratecalmente.
d) Se introduce por vía intravenosa.

2. Todo lo que se expone de una histerosalpingografía en cuanto a la preparación del paciente y a la técnica es cierto, excepto que:

a) Se le ha de informar a la paciente de cómo va a realizarse la exploración.
b) La paciente estará con la vejiga llena, y se le habrá puesto un enema de limpieza para preparar los intestinos.
c) Es de gran importancia la colaboración de la paciente en el estudio.
d) La exploración se ha de realizar en inspiración contenida.

3. ¿Qué días del ciclo uterino de la mujer son los más idóneos para la realización de una histerosalpingografía (día 0: día de menstruación, día 28.º: Final ciclo)?

a) Días 1.º o 2.º.
b) Días 3.º o 4.º.
c) Días 7.º u 8.º.
d Días 14.º o 15.º.

4. ¿Qué prueba radiográfica se le hará a la paciente previa a la histerosalpingografía?

a) Radiografía simple L de abdomen en decúbito supino.
b) Radiografía simple AP de pelvis.
c) Radiografía simple AP de tórax.
d) Radiografía simple L de abdomen en decúbito supino y radiografía simple AP y L de tórax.

5. ¿En qué posición se colocará la paciente tras la realización de la radiografía preliminar (radiografía simple AP de pelvis)?

a) Seguirá en la posición de decúbito supino.
b) Cambiará a la posición de decúbito prono.
c) Cambiará a la posición de bipedestación.
d) Cambiará a la posición de litotomía.

6. ¿Hacia qué zona anatómica se dirigirá perpendicularmente el rayo central en la radiografía simple AP de pelvis?

a) Hacia el plano sagital medio a nivel de un punto situado a 2 cm por debajo del trocánter menor.
b) Hacia el plano sagital medio a nivel de un punto situado a 2 cm por debajo del trocánter mayor.
c) Hacia el plano sagital medio a nivel de un punto situado a 2 cm por encima del trocánter menor.
d) El plano sagital medio a nivel de un punto situado a 2 cm por encima del trocánter mayor.

7. ¿Qué seriografías se hacen primeras de la serie, en una histerosalpingografía, con seguimiento radioscópico?

a) Proyecciones oblicuas posteriores y anteriores.
b) Proyecciones anteroposteriores.
c) Proyecciones laterales.
d) Depende de cada caso.

8. ¿Qué indica esta imagen de proyección AP tardía en histerosalpingografía?

a) Que útero se observa bien.
b) Que ambas trompas son permeables.
c) Que hay difusión peritoneal.
d) Todo lo anterior es cierto.

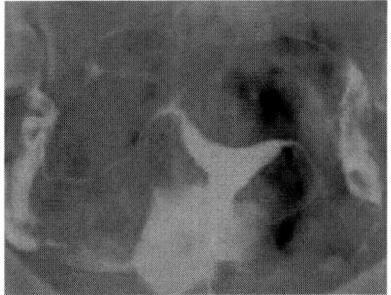

Imagen pregunta 8

9. ¿Cuál de estas circunstancias contraindica la histerosalpingografía?

a) Una enfermedad pélvica inflamatoria aguda.
b) En los casos de quistes y tumores del aparato genital interno femenino y en los problemas de fertilidad femenina y de abortos reincidentes.

c) En los casos de embarazo.
d) Son correctas la a) y la c).

10. ¿Qué prueba de imagen médica no se utiliza en el diagnóstico de patología lagrimal o de visualización del sistema lagrimal?

a) Dacriocistografía.
b) Ecografía.
c) TAC.
d) RM.

11. ¿De qué numeración es el catéter radiopaco Venocath empleado como material necesario en dacriocistografía?

a) 28.
b) 24.
c) 22.
d) 18.

12. ¿Qué modalidad de equipo radiológico se requiere para efectuar una dacriocistografía?

a) Dacriocistógrafo.
b) Mamógrafo modificado.
c) Mesa telemandada con exposimetría automática e intensificador de imagen.
d) Fluoroscopia sin intensificador de imagen.

En MADTEST tienes **más preguntas de este tema, comentadas y argumentadas**, y todos tus avances quedan registrados y se reflejan en el ranking.

¡Supera tus límites con MADTEST!

A continuación te presentamos algunos ejemplos de preguntas comentadas:

13. La dacriocistografía es una técnica en la que se utiliza un medio de contraste:

a) Yodado de base oleosa.
b) No se utiliza contraste.
c) Se realiza con suero.
d) Yodado de base acuosa, no irritante, hidrosoluble (mezcla fácilmente con la lágrima).

Respuesta Correcta: d) Yodado de base acuosa, no irritante, hidrosoluble (mezcla fácilmente con la lágrima).

En la dacriocistografía se utiliza un medio de contraste yodado con una solución acuosa (base), no irritante, hidrosoluble, que mezcla fácilmente con la lágrima (Sinografin).

14. ¿Qué afirmación es incorrecta sobre el procedimiento a llevar a cabo en una dacriocistografía?

a) El ojo de la glándula lagrimal afecta se anestesia con un anestésico oftálmico para la conjuntiva y para evitar burbujas de aire se realiza el vaciado del saco lagrimal mediante una presión del mismo contra el hueso nasal.
b) A veces se requiere hacer un lavado con suero fisiológico salino, que ayuda a eliminar los restos de pus, moco… para después proceder a la dilatación del orificio e introducir el catéter hasta la pared nasal.
c) El paciente se posiciona en bipedestación y apoya la cabeza sobre una almohada.
d) En el caso de una obstrucción el contraste refluye a través del punto no canalizado y si hay permeabilidad del conducto este fluye hasta la faringe.

Respuesta Correcta: c) El paciente se posiciona en bipedestación y apoya la cabeza sobre una almohada.

La opción incorrecta en el procedimiento a seguir en una dacriocistografía, es la de indicar que el paciente se posiciona en bipedestación y apoya la cabeza sobre una almohada, ya que lo correcto es que se posicione en decúbito supino, y coloque asimismo la cabeza sobre una almohada, para evitar los movimientos.

15. ¿Por qué se irrigan los canalículos con suero salino en la dacriocistografía?

a) Porque es una forma de anestesia.
b) No hay por qué irrigar nada.
c) Para comprobar el grado de permeabilidad y eliminar pus o moco.
d) Por seguir un protocolo.

Respuesta Correcta: c) Para comprobar el grado de permeabilidad y eliminar pus o moco.

El motivo por el que se irriga los canalículos con suero salino en la dacriocistografía es como medio de lavado y es para eliminar sedimentos de pus o de moco y para comprobar el grado de permeabilidad. Si hay permeabilidad del conducto, este fluye hasta la faringe. En el caso de una obstrucción el contraste refluye a través del punto no canalizado.

Solución al test n.º 37

1. b) Se introduce a través del conducto cervical.

2. b) La paciente estará con la vejiga llena, y se le habrá puesto un enema de limpieza para preparar los intestinos.

3. c) Días 7.º u 8.º.

4. b) Radiografía simple AP de pelvis.

5. d) Cambiará a la posición de litotomía.

6. d) El plano sagital medio a nivel de un punto situado a 2 cm por encima del trocánter mayor.

7. b) Proyecciones anteroposteriores.

8. d) Todo lo anterior es cierto.

9. d) Son correctas la a) y la c).

10. b) Ecografía.

11. d) 18.

12. c) Mesa telemandada con exposimetría automática e intensificador de imagen.

13. d) Yodado de base acuosa, no irritante, hidrosoluble (mezcla fácilmente con la lágrima).

14. c) El paciente se posiciona en bipedestación y apoya la cabeza sobre una almohada.

15. c) Para comprobar el grado de permeabilidad y eliminar pus o moco.

Cómo acceder al Curso

Técnico/a Especialista en Radiodiagnóstico
Test del temario

El uso de los códigos **es exclusivo de los compradores de los productos de Editorial MAD**. Cada producto posee un código único y de un solo uso. Es personal e intransferible y da acceso a servicios y contenidos adicionales. Editorial MAD se reserva el derecho de hacer cuantas comprobaciones sean necesarias para identificar al legítimo poseedor del código y dejar de dar servicio a quien haga uso fraudulento del mismo, además de emprender cuantas acciones legales estime oportunas según la legislación vigente.

Deberás acceder a:

mad.es/registro-campus

Si una vez aceptadas las condiciones de uso del Campus decides hacer uso del mismo, necesitarás del siguiente código de acceso junto con los códigos del resto de títulos que se exigen (si fuera el caso):

XYNC6DWUK8